Índice de Contenidos

Bitcoin

DOMINANDO EL MUNDO
DE LAS CRIPTOMONEDAS:
TU MANUAL DEFINITIVO
SOBRE BITCOIN

Alejandro Torres

INTRODUCCIÓN

Bienvenido a "Bitcoin: Dominando el Mundo de las Criptomonedas - Tu Manual Definitivo sobre Bitcoin". Este libro electrónico es tu guía exhaustiva en el intrigante mundo de Bitcoin y el amplio panorama de las criptomonedas. Esta guía está creada para satisfacer tus necesidades, ya seas un principiante curioso tratando de entender de qué se trata todo el revuelo, un operador casual buscando ampliar tus conocimientos, o un inversor experimentado que busca estar a la vanguardia del mundo cripto.

La industria financiera está evolucionando desde lo que conocíamos anteriormente. Ahora existen otras formas de llevar a cabo transacciones, realizar inversiones y almacenar valor además de utilizar monedas fiat tradicionales. Un nuevo tipo de moneda digital descentralizada construida sobre la tecnología blockchain fue posible gracias a la invención de Bitcoin en 2009. Además de ser conocido hoy en día, Bitcoin también desencadenó una revolución tecnológica y dio lugar a docenas de criptomonedas alternativas.

Incluso para personas con conocimientos tecnológicos, navegar por esta novedosa área de finanzas descentralizadas puede ser desafiante. La tecnología puede parecer impenetrable, los términos son frecuentemente crípticos y el entorno está en constante cambio. Este libro electrónico cubre esa necesidad.

En este libro electrónico, comenzamos con lo más básico de Bitcoin: el problema que buscaba abordar, la idea detrás de él y la tecnología en la que se basa. Hablaremos de los mecanismos subyacentes a las transacciones de Bitcoin, la minería y el mantenimiento del valor. Se te explicará la importancia de las billeteras, claves y direcciones en la red de Bitcoin, y te guiaremos a través de los procedimientos de compra, venta y uso.

También nos adentraremos en profundidad en las estrategias de trading e inversión en Bitcoin, brindándote una comprensión de varios métodos y técnicas de gestión de riesgos. El libro electrónico te proporcionará una visión general del amplio mundo de las criptomonedas, explicará cómo Bitcoin interactúa con "altcoins" y repasará algunos forks clave en el pasado de Bitcoin.

Finalmente, esta guía discutirá cuestiones cruciales relacionadas con la privacidad, la seguridad y las implicaciones legales del uso de Bitcoin antes de ofrecer predicciones de expertos sobre el futuro de esta revolucionaria moneda.

Así que prepárate para una aventura educativa a través del emocionante y dinámico mundo de Bitcoin. ¡Aquí es donde comienza el camino para dominar Bitcoin!

CAPÍTULO I

Bitcoin: El Génesis
de las Criptomonedas

Qué es Bitcoin?

Bitcoin, una moneda digital descentralizada, se ha vuelto extremadamente popular desde su surgimiento tras la crisis financiera de 2008. Como la primera criptomoneda, Bitcoin desafía los sistemas financieros establecidos al proporcionar una red de igual a igual libre de intermediarios y autoridades. Bitcoin se basa en la prueba criptográfica, lo que permite transacciones seguras, verificables e irreversibles. Fue conceptualizado por la entidad bajo el seudónimo, Satoshi Nakamoto. La naturaleza intrincada de Bitcoin será examinada en esta sección, junto con su tecnología subyacente, principios rectores y capacidad para cambiar por completo la forma en que concebimos el dinero.

En un documento técnico titulado "Bitcoin: Un Sistema de Efectivo Electrónico Peer-to-Peer", que Nakamoto publicó en octubre de 2008, se describió la idea de Bitcoin. El Bloque Génesis o Bloque 0 de la cadena de bloques de Bitcoin, que es el primer bloque, no fue minado por Nakamoto hasta el 3 de enero de 2009. Bitcoin surgió como un símbolo de esperanza para un futuro financiero descentralizado en medio de un sistema financiero fallido marcado por rescates bancarios y desconfianza.

Con Bitcoin, se pretendía eliminar el uso de un tercero confiable como bancos o gobiernos en transacciones financieras. Bitcoin sugiere una reinvención radical de los sistemas financieros al establecer un sistema donde la confianza no se genera mediante intermediarios fuertes, sino más bien a través del consenso de la red, la criptografía y software innovador.

En su base, Bitcoin es una criptomoneda que utiliza métodos criptográficos para proteger transacciones, limitar la creación de nuevas unidades y confirmar la transferencia de activos. Bitcoin es descentralizado y depende de una red dispersa de usuarios para llevar a cabo y validar transacciones, a diferencia de las monedas convencionales (monedas fiduciarias) que son emitidas por una autoridad centralizada.

La tecnología de blockchain, en la que se basa Bitcoin, es uno de sus pilares principales. Un libro de contabilidad público y descentralizado llamado blockchain almacena todas las transacciones de Bitcoin. Cada transacción se recopila en un solo "bloque", que luego se incluye en la "cadena" de transacciones anteriores. Dado que cambiar cualquier registro de transacción en la cadena requeriría un improbable consenso mayoritario de toda la red, este proceso garantiza transparencia y seguridad.

La acción de "minar" es un componente crucial de las operaciones de Bitcoin. En esencia, esto implica utilizar la potencia de procesamiento para resolver acertijos matemáticos difíciles antes de agregar los resultados al blockchain para validar las transacciones. La frase "minar" se refiere al proceso de crear nuevos bitcoins como recompensa, junto con las tarifas de transacción.

La tasa a la que se crean nuevos bitcoins también está controlada por este proceso. Cada cuatro años, o "la reducción a la mitad" (the halvening), la red está estructurada para reducir a la mitad la recompensa de minería. Debido a la disminución en la tasa de producción de este sistema, solo habrá alrededor de 21 millones de bitcoins en circulación, otorgándole a Bitcoin una escasez comparable a la de commodities preciosos como el oro.

La organización de las transacciones de Bitcoin es distinta. Las transacciones de Bitcoin tienen lugar entre 'direcciones' en lugar de transacciones tradicionales, donde las identidades están vinculadas a cuentas. Similar a un número de cuenta, una dirección de Bitcoin es una colección de caracteres alfanuméricos que designa al destinatario de un pago en Bitcoin.

Se debe poseer una clave privada correspondiente para controlar los bitcoins vinculados a una dirección. Similar a una firma digital, esta clave privada garantiza la legitimidad de una transacción y evita que sea modificada una vez que ha sido autorizada.

Estas direcciones y claves privadas son gestionadas por los usuarios mediante 'carteras' para bitcoin. Pueden adoptar diversas formas, desde hardware hasta aplicaciones móviles, y ofrecen diversos niveles de comodidad y seguridad.

Bitcoin es fundamentalmente diferente de los tipos convencionales de moneda debido a sus características y diseño. Ofrece un nivel de autonomía y privacidad del usuario poco común en los sistemas bancarios convencionales debido a su naturaleza descentralizada. Su mecanismo inherente de escasez desafía la tendencia de las monedas fiduciarias a inflarse, otorgándole un potencial "almacén de valor" similar al oro.

Sin embargo, debido a la relativa juventud de Bitcoin y su precio volátil, su utilidad como "medio de intercambio" ha sido objeto de investigación. Bitcoin es cada vez más aceptado por los comerciantes, aunque su uso generalizado como método de pago aún está en sus primeras etapas.

Comprender Bitcoin requiere una apreciación por su complejidad tecnológica, su ética descentralizada y su potencial para alterar fundamentalmente cómo vemos y usamos el dinero. El viaje de Bitcoin se ha caracterizado por la volatilidad, el escrutinio y, más recientemente, la aceptación desde su concepción hasta su importancia actual. Ahora sirve como representación de un movimiento más amplio hacia la descentralización y el cambio financiero digital, siendo una inspiración para innumerables proyectos de blockchain y criptomonedas.

En esencia, Bitcoin es un experimento socioeconómico en confianza, descentralización y escasez digital, más que simplemente un activo o moneda digital. Bitcoin sirve como recordatorio y herramienta de auto-soberanía financiera y transparencia mientras avanzamos hacia un futuro más digital. Simboliza un cambio en cómo percibimos, utilizamos e interactuamos con el dinero.

Historia de Bitcoin y el problema que buscaba resolver

El mundo experimentó una grave crisis financiera en la última parte de la década de 2000. Una severa recesión económica causada por fallos bancarios sin precedentes, prácticas arriesgadas de préstamos y productos financieros complejos sacudió la confianza en las instituciones financieras convencionales. En respuesta a estos problemas, surgió Bitcoin, tratando de abordar los problemas fundamentales de los sistemas financieros convencionales. Esta sección profundiza en los orígenes de Bitcoin y considera los problemas particulares que se pretendía resolver.

Los orígenes de Bitcoin son un misterio. Un libro blanco titulado "Bitcoin: Un Sistema de Efectivo Electrónico entre Pares" fue lanzado en 2008 bajo el seudónimo de Satoshi Nakamoto por una persona o grupo no identificado. La base teórica para una moneda digital descentralizada, que más tarde se convertiría en Bitcoin, se detalló en este libro blanco. El "bloque génesis" o "bloque 0", también conocido como el primer bloque de la cadena de bloques de Bitcoin, fue minado por Nakamoto el 3 de enero de 2009. Este fue el comienzo de Bitcoin.

Este evento fue destacado no solo porque se creó un nuevo tipo de dinero, sino también porque representó una forma de oposición al sistema financiero en crisis. El texto "The Times 03/Jan/2009 Chancellor on brink of second bailout for banks" de un titular en el periódico The Times fue codificado en el bloque génesis. Esto fue una clara indicación de que Bitcoin fue una reacción tanto al entorno económico incierto como a las deficiencias percibidas de las instituciones financieras convencionales.

La base del sistema financiero convencional es la confianza. Confiamos en los bancos para almacenar y gestionar nuestro dinero, en procesadores de pagos para moverlo, y en los gobiernos para proteger su poder adquisitivo. Sin embargo, la crisis financiera de 2008 mostró cómo esta confianza podría estar mal ubicada.

Este problema de confianza fue lo que llevó a la creación de Bitcoin. La tecnología de la cadena de bloques está en el centro del diseño de Bitcoin. Un libro de contabilidad público que registra todas las transacciones de Bitcoin se llama la cadena de bloques. Utilizando una red descentralizada de computadoras (llamadas nodos), este sistema funciona sin la ayuda de una autoridad central.

Los nodos verifican las transacciones a través de un mecanismo de consenso, haciéndolo sin la necesidad de un tercero confiable. Esta idea, conocida como transacciones "sin confianza", es revolucionaria ya que elimina la necesidad de intermediarios y hace posible las transacciones de igual a igual a escala mundial.

Los sistemas financieros son centralizados por naturaleza. Los gobiernos supervisan el entorno financiero, los bancos centrales controlan la política monetaria y los bancos comerciales manejan las transacciones. Esta concentración hace posible gestionar las finanzas de las personas. Bitcoin utiliza la descentralización para tratar de resolver este problema.

Bitcoin se asegura de que ningún ente pueda controlar el protocolo de Bitcoin porque es una red descentralizada. Resiste la censura y brinda incluso a aquellos excluidos por los sistemas bancarios convencionales una forma de participar en la economía.

La creciente oferta de monedas tradicionales puede llevar a la inflación. La capacidad de los bancos centrales para producir dinero adicional podría resultar en la devaluación de la moneda. Por otro lado, la oferta fija de monedas Bitcoin es de alrededor de 21 millones.

Dado que este límite está codificado de manera rígida en el sistema de Bitcoin, crea escasez y puede convertir eventualmente a Bitcoin en una reserva confiable de valor. Con este enfoque, queremos resolver el problema de la devaluación de la moneda que tiene el sistema monetario convencional.

La respuesta a los problemas en los sistemas bancarios convencionales ha desempeñado un papel significativo en la historia de Bitcoin. Surgió como una solución innovadora de las cenizas de la crisis financiera de 2008, con la intención de abordar problemas de confianza, centralización e inflación en las instituciones financieras. Su capacidad para ofrecer un sistema de pago descentralizado de igual a igual, donde la confianza se construye mediante pruebas criptográficas en lugar de autoridades centrales, es lo que le otorga su potencial revolucionario.

A pesar de la apreciación y críticas que ha recibido a lo largo de los años, las raíces de Bitcoin siguen estando estrechamente relacionadas con su objetivo inicial: ofrecer una alternativa al sistema financiero tradicional y transformar la forma en que percibimos y usamos el dinero. A medida que avanzamos, es fundamental tener en cuenta los problemas que Bitcoin buscó resolver, ya que brindan una clave para comprender la propuesta de valor de esta tecnología revolucionaria.

El creador seudónimo: Satoshi Nakamoto

Nadie es más misterioso y trascendental en el mundo de las criptomonedas que Satoshi Nakamoto. A esta persona o grupo no identificado se le atribuye la creación de Bitcoin, la primera criptomoneda descentralizada del mundo, que cambió profundamente la cara del dinero y la tecnología. A pesar de la extensa influencia y aceptación de Bitcoin, la identidad de su creador sigue siendo un misterio, dando lugar a muchas especulaciones y curiosidades. La historia de Satoshi Nakamoto, sus logros importantes y los misterios en curso sobre su identidad están todos cubiertos en esta sección.

La publicación de un libro blanco titulado "Bitcoin: Un Sistema de Efectivo Electrónico Peer-to-Peer" en 2008 marca el comienzo del relato de Satoshi Nakamoto. La base teórica para Bitcoin, una forma revolucionaria de dinero digital, se presentó en este documento de nueve páginas. Nakamoto creó Bitcoin al minar el bloque inicial de la cadena de bloques el 3 de enero de 2009, unos meses después.

Durante aproximadamente dos años, Nakamoto continuó contribuyendo activamente al desarrollo de Bitcoin, manteniendo correspondencia con otros programadores y colaboradores a través de correos electrónicos y publicaciones en foros. En este periodo, los escritos de Nakamoto mostraron a una persona fuertemente comprometida con el concepto de un sistema de moneda descentralizada libre de censura y supervisión gubernamental.

Más allá de simplemente conceptualizar Bitcoin, Nakamoto hizo contribuciones significativas. Contribuyeron al desarrollo del código fuente del software de Bitcoin y lo siguieron mejorando y actualizando hasta su última comunicación registrada en 2010. A Nakamoto se le atribuye la invención del algoritmo de prueba de trabajo y del sistema de consenso descentralizado, entre otras ideas e innovaciones revolucionarias.

La cadena de bloques, que es el aspecto más innovador de Bitcoin, fue creada por Nakamoto. Todas las transacciones de Bitcoin se registran en este libro de contabilidad público descentralizado, lo que permite transacciones entre pares sin necesidad de confianza y representa un avance importante en la confianza y seguridad digitales.

El originador del seudónimo "Satoshi Nakamoto" no puede ser encontrado, y no hay indicios sobre su identidad, nacionalidad o ubicación. Debido a este anonimato y la influencia de Bitcoin, se ha realizado mucha especulación e investigación para identificar a la persona u organización que se esconde detrás del alias. Se han propuesto varios individuos como el verdadero Satoshi, e incluso algunos han afirmado ser él o ella. La identidad de Nakamoto sigue siendo un misterio porque ninguna de estas afirmaciones o acusaciones se ha demostrado más allá de una duda razonable.

La última comunicación conocida de Nakamoto ocurrió en diciembre de 2010, en la que dijeron que habían "pasado a otras cosas" y que Bitcoin estaba "en buenas manos" de ahora en adelante. Después de eso, Nakamoto desapareció por completo de la vista pública, cediendo el control de Bitcoin a la creciente comunidad de desarrolladores y entusiastas.

El impacto de Nakamoto en Bitcoin y en la industria más amplia de las criptomonedas continúa a pesar de su desaparición. Su objetivo de crear un sistema de efectivo electrónico descentralizado de igual a igual no solo se ha realizado, sino que también ha generado una ola de creatividad que ha dado lugar a miles de criptomonedas alternativas e innovadoras aplicaciones basadas en la cadena de bloques.

El desarrollador de Bitcoin bajo el seudónimo de Satoshi Nakamoto es una persona misteriosa e intrigante. A pesar de su secretismo, su idea innovadora ha tenido un impacto duradero en la tecnología y el dinero. La idea de Nakamoto de un sistema financiero descentralizado ha traído consigo una nueva era de innovación tecnológica y disrupción. Aunque su identidad sigue siendo un misterio, su influencia es innegable y no ha dejado de resonar en toda la comunidad en línea. El Bitcoin de Nakamoto ha revolucionado la forma en que pensamos y nos involucramos con las finanzas al plantear preguntas difíciles sobre la naturaleza del dinero, la confianza y la descentralización.

El libro blanco de Bitcoin: Un breve resumen

Un documento de nueve páginas titulado "Bitcoin: Un Sistema de Efectivo Electrónico Peer-to-Peer", escrito por el misterioso autor Satoshi Nakamoto, es donde se puede encontrar la invención de Bitcoin, un activo digital revolucionario. Este informe innovador, publicado en 2008, presenta los fundamentos conceptuales de Bitcoin y sugiere una rediseño significativo de las instituciones financieras tradicionales. Esta sección proporciona un análisis exhaustivo del libro blanco de Bitcoin, haciendo hincapié en sus recomendaciones importantes y avances en los campos de las criptomonedas y la tecnología de cadena de bloques.

La dependencia de las instituciones financieras para procesar pagos electrónicos es el problema fundamental del comercio en internet, que se aborda en la sección inicial del libro blanco de Nakamoto. Para evitar el gasto duplicado, que ocurre cuando un usuario gasta la misma cantidad dos veces, los sistemas tradicionales de moneda electrónica necesitan la ayuda de un tercero confiable. Sin un tercero confiable, Nakamoto sugirió Bitcoin como solución al problema del doble gasto.

Nakamoto veía la confianza como el problema principal en las transacciones financieras convencionales. Debido a que se pueden crear copias de tokens digitales y utilizar en múltiples transacciones, existe el riesgo de doble gasto en transacciones digitales.

En respuesta, Nakamoto propuso un enfoque de red peer-to-peer para el problema del doble gasto. Las transacciones son marcadas con la hora por la red y se convierten en una cadena continua de pruebas de trabajo basadas en hash para crear un registro que no se puede alterar sin repetir la prueba de trabajo. La tecnología de cadena de bloques que respalda a Bitcoin se construye sobre esto.

El whitepaper de Bitcoin dedica mucho tiempo a describir el proceso de minería. Verificar y agregar registros de transacciones a la cadena de bloques, el libro mayor abierto de Bitcoin, se conoce como minería. Múltiples nodos compiten para resolver acertijos matemáticos desafiantes en un enfoque descentralizado.

Los bitcoins se entregan a los mineros como pago por su trabajo de validar transacciones. El incentivo tiene dos funciones: fomenta que los nodos mantengan su integridad y agrega bitcoins adicionales al sistema, creando una especie de "fiebre del oro".

Los principios de seguridad y privacidad en la red Bitcoin también son abordados por Nakamoto. La identidad de las personas involucradas en las transacciones se mantiene en secreto, a pesar de que el flujo de transacciones es público y transparente en la cadena de bloques. Esto se logra mediante el uso de métodos criptográficos que garantizan el anonimato.

A pesar de tener solo unas pocas páginas, el whitepaper de Bitcoin propone una idea innovadora que va en contra de los cimientos mismos de las instituciones financieras convencionales. Además de dar origen a Bitcoin, el diseño de Nakamoto para un sistema de efectivo electrónico descentralizado de igual a igual también dio origen a la cadena de bloques, una nueva área de tecnología.

Descentralización, prueba criptográfica y escasez digital son ideas clave que fueron articuladas por primera vez en el libro blanco y ahora son ideas orientadoras para muchas iniciativas de blockchain y criptomonedas. La filosofía subyacente de Bitcoin, como se describe en el libro blanco, sigue motivando e inspirando la innovación en el campo de las finanzas digitales, aunque el viaje hacia su creación no ha estado exento de desafíos.

CAPÍTULO II

Comprendiendo los Fundamentos de las Criptomonedas

Qué es una criptomoneda?

A lo largo de su historia, el mundo de las finanzas ha experimentado varios eventos transformadores significativos, pero quizás ninguno tan innovador como la introducción de las criptomonedas. Después de la invención de Bitcoin, la primera moneda digital que funciona de manera descentralizada, la palabra "criptomoneda" obtuvo un reconocimiento generalizado. Hay miles de monedas digitales disponibles en el mercado hoy en día, cada una con sus propias características y usos. Esta sección examina la idea de las criptomonedas, la tecnología que las sustenta y sus implicaciones para los sistemas financieros y otras áreas.

Una moneda digital o virtual conocida como criptomoneda utiliza la criptografía para garantizar su seguridad. Utiliza la tecnología de blockchain, que es una plataforma descentralizada para registrar todas las transacciones en una red de computadoras. Debido a que las criptomonedas no son emitidas por una entidad única, teóricamente están protegidas contra interferencias o manipulaciones por parte de los gobiernos.

El estado actual de las criptomonedas es el resultado de la integración de diversos campos académicos, incluyendo la informática, la criptografía y la economía. Estos factores se unieron en el desarrollo de Bitcoin, la primera criptomoneda ampliamente utilizada, para producir un remedio especial para el problema de la confianza digital.

Blockchain es una tecnología que respalda a Bitcoin y a la mayoría de otras criptomonedas. Básicamente, funciona como un libro de contabilidad distribuido de todas las transacciones que es accesible para cualquier persona en la red. La red no está bajo el control de un solo organismo debido a su descentralización, lo cual es crucial.

Por lo general, las criptomonedas se producen a través de un proceso llamado minería, en el cual potentes computadoras realizan cálculos intrincados para verificar las transacciones en la red. A los mineros se les paga por su trabajo con nuevas monedas, lo que los motiva a seguir trabajando. Este procedimiento agrega nuevas monedas al ecosistema de bitcoin y, al mismo tiempo, contribuye a la seguridad de la red.

Las criptomonedas están destinadas fundamentalmente a servir como una forma de intercambio, al igual que las monedas convencionales. Se pueden utilizar para realizar compras en línea de bienes y servicios, con más empresas aceptando pagos en bitcoin. Además, algunas criptomonedas, como Bitcoin, se perciben con frecuencia como una reserva de valor, al igual que el oro. Esta impresión es el resultado de su escasez inherente; el sistema tiene un límite estricto de 21 millones de bitcoins.

La aparición de las criptomonedas ha traído consigo importantes implicaciones. Por otro lado, presentan posibilidades atractivas, como la posibilidad de inclusión financiera para poblaciones no bancarizadas, tarifas de transacción reducidas en comparación con los sistemas de pago en línea típicos y el desarrollo de aplicaciones descentralizadas, por mencionar algunas.

Sin embargo, las criptomonedas también presentan algunas dificultades. Su anonimato podría facilitar acciones ilegales como la evasión de impuestos o el lavado de dinero. Además, el valor de las criptomonedas tiene la capacidad de fluctuar considerablemente, poniendo a los inversores en riesgo de perder dinero.

En el campo de las finanzas, las criptomonedas representan un cambio de paradigma. Desafían a los sistemas financieros establecidos y ofrecen una forma alternativa de moneda mediante la creación de un sistema de efectivo electrónico descentralizado y de igual a igual. Tienen un gran potencial para cambiar la forma en que pensamos sobre el dinero, hacer posible la inclusión financiera y promover el avance tecnológico

Sin embargo, la eficacia con la que puedan navegar por el entorno legal, superar barreras tecnológicas y lograr aceptación pública determinará su adopción y éxito final. La evolución e implicaciones de las criptomonedas requieren atención especial a medida que avanza la era digital. Representan el poder de la invención y podrían ser un indicio de un futuro con finanzas descentralizadas; son más que simplemente dinero digital.

La tecnología de blockchain: Una introducción

La idea que respalda el funcionamiento de criptomonedas como Bitcoin se conoce como tecnología de blockchain, la cual a menudo se considera una de las innovaciones tecnológicas más significativas del siglo XXI. Sin embargo, tiene mucho más potencial que solo monedas digitales y tiene la capacidad de revolucionar muchas industrias diferentes. Esta sección tiene como objetivo proporcionar una introducción a la tecnología de blockchain examinando su funcionamiento interno, usos potenciales e implicaciones para el futuro digital.

Un blockchain es fundamentalmente un libro de contabilidad distribuido de transacciones que se duplica y se guarda en una red de computadoras conocidas como nodos. Cada vez que ocurre una nueva transacción en el blockchain, se registra un registro de esa transacción en el libro de contabilidad de cada participante. Cada bloque comprende un número de transacciones.

Ninguna entidad tiene poder sobre toda la cadena debido a la estructura descentralizada de la red. La palabra "blockchain" se refiere a la cadena de bloques formada por cada bloque en la cadena, que también incluye un hash criptográfico del bloque anterior. El libro de contabilidad es resistente a manipulaciones y ofrece un registro confiable de transacciones debido a este enlace criptográfico.

La naturaleza descentralizada de la tecnología de blockchain es una de sus características principales. Una red blockchain está distribuida entre varios nodos, a diferencia de las bases de datos tradicionales, que normalmente son gestionadas por una sola institución. Esto asegura que ningún nodo individual pueda alterar los datos almacenados en el blockchain.

La transparencia es otra característica clave de blockchain en comparación con los métodos convencionales. Cada transacción en la red es accesible para todos los usuarios, lo que resulta en un sistema transparente donde cualquier nodo puede confirmar la legitimidad de una transacción.

La tecnología de blockchain utiliza criptografía avanzada para garantizar la seguridad e integridad de los datos. Cada bloque incluye información de transacción, una marca de tiempo y un hash criptográfico del bloque anterior. Debido a las conexiones criptográficas entre los bloques, es imposible alterar los datos de transacción contenidos en un bloque sin ta

El potencial de la tecnología de blockchain va más allá de simplemente preservar información transaccional. Los 'contratos inteligentes' y las aplicaciones descentralizadas (DApps) son ahora concebibles gracias al desarrollo de blockchains programables. mbién alterar todos los bloques futuros.

Los contratos inteligentes son acuerdos que ejecutan automáticamente sus obligaciones porque están codificados en un lenguaje de programación. Eliminan a los intermediarios al completar automáticamente las transacciones cuando se cumplen ciertas condiciones.

Las aplicaciones descentralizadas, o DApps, son independientes de cualquier autoridad única y operan en una red blockchain en un entorno público, de código abierto y descentralizado.

Las transacciones digitales son ahora más descentralizadas, transparentes y seguras gracias al desarrollo de la tecnología de blockchain. Blockchain representa una mejora significativa en la forma en que manejamos y registramos transacciones, con aplicaciones potenciales en industrias como finanzas, gestión de la cadena de suministro, atención médica y más.

La tecnología de blockchain aún está en sus primeras etapas y enfrenta dificultades como problemas de escalabilidad, incertidumbres regulatorias y restricciones de adopción. Esto a pesar de su enorme potencial. La influencia final de blockchain en la sociedad y el mundo digital aún es desconocida, pero no se puede negar que tiene un enorme potencial de transformación.

Entendiendo la criptografía en las criptomonedas

Innumerables avances tecnológicos, en los cuales la criptografía desempeña un papel importante, han permitido que las criptomonedas surjan como una nueva clase de activos digitales. La base de las criptomonedas es la criptografía, que garantiza transacciones seguras y controla la generación de nuevas unidades. La criptografía es la práctica y el estudio de la comunicación segura en presencia de adversarios. Esta sección explora el complejo mundo de la criptografía en las criptomonedas, así como su uso y efectos.

La criptografía tiene dos funciones importantes en el contexto de criptomonedas como Bitcoin: controla la generación de nuevas monedas y asegura que las transacciones entre las partes sean seguras. En resumen, la encriptación en las criptomonedas permite a los usuarios almacenar dinero de manera segura y realizar pagos sin utilizar su nombre ni pasar por un banco.

Un mecanismo conocido como criptografía de clave pública es una de las principales formas en que se emplea la encriptación en las criptomonedas. Cada usuario en este sistema tiene dos claves: una clave pública que se hace pública y sirve como dirección para recibir criptomonedas, y una clave privada que se mantiene en privado y se utiliza para aprobar transacciones.

Cuando se inicia una transacción, el remitente firma la transacción utilizando tanto su clave privada como la clave pública del destinatario. Utilizando la clave pública del remitente, la red autentica la transacción para asegurarse de que proviene de ellos. Este procedimiento garantiza la legitimidad e integridad de las transacciones, protegiéndolas contra fraudes.

El uso de funciones hash criptográficas en criptomonedas, especialmente en el desarrollo de la cadena de bloques, es otro uso crucial de la criptografía. Una función hash acepta una entrada y produce una cadena de bytes de tamaño fijo, generalmente un código hash. Cada entrada única genera un hash diferente como resultado.

Una cadena de bloques se forma en la cadena de bloques porque cada bloque tiene el hash del bloque anterior. Dado que cambiar cualquier información en un bloque cambiará su hash e influirá en todos los bloques subsiguientes en la cadena, esto hace que la cadena de bloques sea a prueba de manipulaciones.

Los conceptos criptográficos desempeñan un papel significativo en el proceso de minería de criptomonedas, especialmente en sistemas de prueba de trabajo como Bitcoin. Los mineros deben resolver rompecabezas criptográficos complejos, lo que requiere una gran cantidad de potencia de procesamiento. El primer minero en completar el problema tiene la oportunidad de agregar un nuevo bloque a la cadena de bloques y recibir una recompensa en criptomonedas.

La base sobre la cual depende la idea de las criptomonedas es la criptografía. Asegura las identidades de los usuarios, proporciona seguridad, integridad y autenticación para las transacciones, y controla la emisión de nueva moneda.

A pesar de la confiabilidad de los métodos criptográficos, es importante recordar que no eliminan por completo los riesgos involucrados en las transacciones de bitcoin. La seguridad de las criptomonedas es tan sólida como las medidas de seguridad tomadas por sus usuarios. Las claves privadas deben protegerse con cuidado y los participantes en las transacciones deben actuar con precaución.

Se espera que la importancia de la criptografía en mantener la seguridad y la confianza en el mundo virtual crezca a medida que la era digital avance. Las criptomonedas sirven como un ejemplo convincente de cómo estos enfoques matemáticos complejos pueden aplicarse para construir un sistema donde la confianza se establece a través de las matemáticas y el código en lugar de intermediarios.

CAPÍTULO III

Profundizando: La Red Bitcoin

Cómo funciona Bitcoin?

Una moneda digital descentralizada entre pares se implementó con éxito por primera vez con Bitcoin, que ha llegado a representar a todas las criptomonedas. Desde su creación en 2008 por una persona o grupo de personas que utilizan el seudónimo de Satoshi Nakamoto, ha cambiado por completo la forma en que el mundo percibe el dinero y las actividades financieras. En esta sección se examinará en detalle el funcionamiento de Bitcoin, incluyendo su tecnología subyacente, flujo transaccional e idea de minería.

La cadena de bloques es una pieza revolucionaria de tecnología que impulsa Bitcoin. La cadena de bloques es un libro de contabilidad descentralizado y abierto que registra todas las transacciones de Bitcoin. Una red de 'nodos', o computadoras, que verifican y registran transacciones, la mantiene.

Cada "bloque" en la cadena representa una colección de datos de transacciones, y el libro de contabilidad de cada participante se actualiza cada vez que se realiza una nueva transacción. La palabra "cadena de bloques" se refiere a la cadena de bloques que están conectados por un hash criptográfico del bloque anterior.

Cada usuario de Bitcoin necesita dos claves criptográficas para realizar transacciones: una clave pública, que actúa como una dirección visible públicamente a la cual otros pueden transferir Bitcoin, y una clave privada, que se utiliza para aprobar transacciones y acceder a los Bitcoin del usuario.

Cuando se inicia una transacción de Bitcoin, el remitente firma un mensaje con la entrada (las transacciones de origen de las monedas), la cantidad y la salida (la dirección del destinatario). Hacen esto utilizando su clave privada. La red de Bitcoin luego transmite esta transacción, y los mineros la verifican antes de agregarla a la cadena de bloques.

El proceso de crear nuevos Bitcoins y agregar transacciones a la cadena de bloques se conoce como minería de bitcoins. Los mineros utilizan computadoras potentes para resolver rompecabezas matemáticos desafiantes que verifican cada transacción. La 'recompensa de bloque' es la cantidad de nuevos Bitcoins recién creados que se otorgan al primer minero que resuelve el rompecabezas a cambio de agregar un nuevo bloque a la cadena de bloques.

Para garantizar que un nuevo bloque se introduzca en la cadena de bloques aproximadamente cada 10 minutos, la dificultad de estos problemas se ajusta cada dos semanas. Debido a la necesidad de que la mayoría de los mineros de la red estén de acuerdo en la autenticidad de las transacciones, este enfoque también asegura la descentralización de Bitcoin.

La escasez inherente de Bitcoin es una de sus características más distintivas. El número de Bitcoins que se crearán en total está limitado por su(s) creador(es) a 21 millones. En un evento conocido como el "halving" (reducción a la mitad), la recompensa de bloque, que es la forma en que se agregan nuevos Bitcoins al sistema, se reduce a la mitad aproximadamente cada cuatro años.

Uno de los elementos que contribuye al valor de Bitcoin es su escasez inherente, comparable a la de metales preciosos como el oro. El suministro de Bitcoin está controlado algorítmicamente, lo que lo hace inmune a la inflación, a diferencia de las monedas fiat tradicionales, que pueden imprimirse libremente por parte de los bancos centrales.

Una nueva forma de moneda ha sido concebida gracias a la innovadora combinación de tecnología de cadena de bloques, seguridad criptográfica y una red descentralizada de Bitcoin. Su funcionamiento, que utiliza una red mundial de mineros, garantiza su seguridad, confiabilidad y resistencia a la censura.

Pero hay obstáculos en el camino para Bitcoin, como problemas de escalabilidad, cuestiones de consumo de energía y escrutinio regulatorio. Un sistema financiero en el que la confianza se genera no por intermediarios centralizados, sino por tecnología en red, transparente y auditada, es lo que Bitcoin busca mientras continúa desarrollándose y creciendo.

Explicación de términos: Bitcoin, bitcoin (diferencia de mayúsculas)

Bitcoin y bitcoin son dos términos que a veces causan confusión en el ámbito de las criptomonedas. Estos términos, a pesar de tener nombres idénticos, tienen implicaciones y significados diferentes dentro del ecosistema de bitcoin. Con énfasis en sus definiciones, roles y relevancia, cada término se explicará detalladamente en esta sección. Las personas pueden navegar por el mundo de las criptomonedas con claridad y precisión al comprender las diferencias entre Bitcoin y bitcoin.

La criptomoneda original y más conocida se llama Bitcoin, con "B" mayúscula. Fue introducida en 2009 por una persona o grupo que operaba bajo el seudónimo de Satoshi Nakamoto. Bitcoin está construido sobre la tecnología de Prueba de Trabajo (Proof-of-Work,

PoW) y funciona en la cadena de bloques, una red descentralizada de pares a pares.

Sin la necesidad de intermediarios, las transacciones de persona a persona son posibles con la ayuda de la moneda digital conocida como Bitcoin. Tiene un alcance global y permite a los usuarios enviar y recibir dinero de manera anónima y segura. La transparencia y la inmutabilidad son proporcionadas por la cadena de bloques utilizada por Bitcoin.

Bitcoin funciona como una moneda digital descentralizada que solo existe en línea. Controla la generación de nuevas unidades y asegura transacciones mediante conceptos criptográficos. Debido a su naturaleza descentralizada, la red de Bitcoin no está gobernada por una sola organización o autoridad. A través de billeteras digitales, los usuarios pueden almacenar, transmitir y recibir bitcoins.

Bitcoin ha cambiado significativamente varios aspectos del panorama financiero. Ha puesto a prueba las estructuras financieras tradicionales, ofrecido una alternativa al dinero fiduciario y fomentado una nueva era de finanzas descentralizadas. La volatilidad del precio de Bitcoin y su aceptación por parte de inversores institucionales han generado mucho interés y financiamiento. Como resultado de la innovación y el potencial de Bitcoin, se han desarrollado numerosas criptomonedas alternativas y aplicaciones basadas en la cadena de bloques.

La unidad más pequeña de la criptomoneda Bitcoin se denomina bitcoin, con "b" minúscula. Dentro del ecosistema de Bitcoin, sirve como la unidad de cuenta y representa una fracción de un Bitcoin.

La unidad de cuenta utilizada para medir y realizar transacciones con Bitcoin es el bitcoin. Bitcoin se divide en satoshis, siendo un bitcoin equivalente a 100 millones de satoshis, de manera similar a cómo el dólar se divide en centavos. Debido a la precisión de los cálculos y las transacciones posibles al utilizar el bitcoin como unidad de cuenta, diversas cantidades pueden manejarse con flexibilidad.

Más allá de Bitcoin en sí, el bitcoin sirve como unidad de cuenta. Se ha utilizado de manera extensa como punto de referencia para fijar precios y comerciar con otras criptomonedas. Las criptomonedas alternativas se discuten con frecuencia en términos del precio o valor del bitcoin. En el mercado de criptomonedas, esta práctica facilita la comparación y evaluación.

Comprender las diferencias entre Bitcoin y bitcoin es esencial para comprender sus diversos propósitos y usos. Con "B" mayúscula, el término "Bitcoin" designa todo el ecosistema de criptomonedas, incluida la tecnología, la red y la propia moneda digital. Por otro lado, la unidad más pequeña de cuenta dentro de ese sistema se denomina con la palabra en minúscula "bitcoin". Dentro de la comunidad de criptomonedas, se garantiza una comunicación precisa y se evitan malentendidos al utilizar el término correcto de manera precisa.

Un estándar lingüístico importante que explica los significados y contextos de las palabras es la diferencia de mayúsculas entre Bitcoin y bitcoin.

Es común escribir "Bitcoin" con mayúscula al referirse a la criptomoneda en su conjunto. Este estilo de mayúsculas destaca su posición como la criptomoneda original que popularizó la idea de una moneda digital descentralizada. Denota los efectos más amplios de la tecnología y cómo afectarán al sector financiero.

En cambio, "bitcoin" en minúscula se refiere únicamente a la unidad de cuenta utilizada en la red de Bitcoin. Se utiliza para representar cantidades fraccionarias del dinero virtual, permitiendo valoraciones y transacciones precisas. Al discutir diversos aspectos del ecosistema de criptomonedas, seguir la convención de mayúsculas garantiza claridad y previene malentendidos.

La comunicación efectiva dentro de la comunidad de criptomonedas depende de mantener consistencia en el uso de mayúsculas. Se garantiza una discusión precisa de valoraciones, transacciones y análisis mediante el uso preciso de Bitcoin y bitcoin. Seguir estos estándares mejora la claridad y elimina la incertidumbre en las conversaciones sobre criptomonedas.

A pesar de tener nombres idénticos, Bitcoin y bitcoin tienen significados y roles únicos dentro del ecosistema de criptomonedas. El revolucionario sistema descentralizado de criptomonedas conocido simplemente como "Bitcoin", con "B" mayúscula, ha transformado la industria financiera. Funciona como una forma de moneda virtual y como una representación del movimiento criptomonetario más amplio. La unidad más pequeña de cuenta dentro del sistema Bitcoin, bitcoin, indicada con "b" minúscula, se utiliza para permitir transacciones y valoraciones precisas. Para navegar adecuadamente por el ecosistema de criptomonedas y participar en discusiones significativas sobre la tecnología, las implicaciones financieras y los desarrollos futuros, es esencial comprender las diferencias entre estos términos. Las personas pueden expresarse con precisión y confianza en el fascinante mundo de las criptomonedas al aclarar las definiciones y reglas de mayúsculas.

Verificación de transacciones y adición de bloques a la cadena de bloques

La aparición de la tecnología de cadena de bloques ha cambiado fundamentalmente la forma en que realizamos transacciones y almacenamos datos. Dos operaciones fundamentales: la verificación de transacciones y la adición de bloques a la cadena de bloques, son el corazón de este sistema. Estos procedimientos garantizan la seguridad, transparencia y confiabilidad de la red descentralizada. Esta sección explora detalladamente la relevancia, procesos e implicaciones de la verificación de transacciones y la adición de bloques. Al comprender estos procedimientos básicos, las personas pueden entender el funcionamiento central de la tecnología de cadena de bloques y su potencial para transformar industrias.

La cadena de bloques es un libro de contabilidad distribuido y descentralizado que registra transacciones entre varios nodos o grupos de computadoras. El consenso, la transparencia y la inmutabilidad se encuentran entre sus principios fundamentales. La cadena de bloques se crea agrupando cada transacción en un bloque y agregando ese bloque a una cadena de bloques.

Al generar un libro de contabilidad digital inmutable, la tecnología blockchain hace posible registrar transacciones de manera segura y transparente. Debido a que es descentralizada, ya no es necesario contar con intermediarios, lo que aumenta la eficiencia de las transacciones y reduce los costos. La accesibilidad pública de la cadena de bloques, que permite a cualquiera verificar y auditar transacciones, promueve la transparencia. Una vez que una transacción se añade a la cadena de bloques, la inmutabilidad asegura que no se pueda cambiar o eliminar sin el acuerdo de los usuarios de la red.

Los mecanismos basados en el consenso son esenciales para preservar la confiabilidad y seguridad de la red de blockchain. Estas técnicas se encargan de llevar a los nodos de la red a un consenso sobre la legitimidad de las transacciones. Prueba de trabajo (PoW) y Prueba de participación (PoS) son dos mecanismos de consenso populares. PoS se basa en la propiedad de una participación específica en la red para validar transacciones, mientras que PoW requiere que los usuarios, conocidos como mineros, resuelvan desafiantes rompecabezas matemáticos.

Antes de que una transacción se añada a la cadena de bloques, primero debe someterse a verificación de transacciones, un procedimiento crucial. La verificación asegura que solo se registren transacciones honestas, evitando actividades deshonestas o maliciosas.

La integridad de la cadena de bloques debe mantenerse en todo momento mediante la verificación de transacciones. La red se asegura de que solo se registren transacciones genuinas al verificarlas, evitando la inclusión de transacciones erróneas o maliciosas. Este procedimiento garantiza la precisión de la información registrada y fomenta la confianza entre los usuarios de la red.

Las transacciones de blockchain se firman utilizando firmas digitales individuales creadas por algoritmos criptográficos. Estas firmas confirman la identidad del remitente, garantizando que la transacción provenga de su fuente legítima y permanezca a prueba de manipulaciones durante la transmisión. Las firmas digitales también ofrecen una forma de verificar la integridad de la transacción al asegurarse de que no ha sido modificada.

Cada transacción es verificada por nodos dentro de la red de blockchain al examinar las firmas digitales, confirmar la disponibilidad de fondos y asegurarse de que se sigan las reglas y procedimientos establecidos. Mantener la seguridad e integridad de la cadena de bloques depende de este procedimiento de validación.

El consenso entre los nodos de la red es necesario para que una transacción sea considerada legítima. Mecanismos de consenso como PoW o PoS garantizan que los nodos estén de acuerdo sobre la legitimidad de la transacción. Un solo nodo no puede alterar la cadena de bloques o agregar transacciones falsas debido a los mecanismos de consenso. La red se asegura de que las transacciones sean validadas y autorizadas por la mayoría de los participantes al alcanzar el consenso.

Las transacciones verificadas se compilan en bloques y luego se añaden a la cadena de bloques a través del proceso de adición de bloques. El orden cronológico de las transacciones y la integridad general de la cadena de bloques se preservan mediante los bloques, que funcionan como contenedores de almacenamiento para las transacciones.

Un procedimiento fundamental que garantiza la continuidad y seguridad de la cadena de bloques es la adición de bloques. Se ensamblan bloques compuestos por transacciones verificadas y luego se cargan en la cadena de bloques. Las transacciones se almacenan en bloques, que ofrecen una línea de tiempo de todas las transacciones validadas.

Las transacciones válidas de la red se recopilan y organizan en bloques. El tamaño del bloque y el número de transacciones que puede admitir son determinados por el protocolo específico de la cadena de bloques. Las transacciones se eligen según diversos criterios, incluida la prioridad, las tarifas de transacción y el orden cronológico.

En las blockchains basadas en PoW, los mineros compiten para encontrar un nonce que cumpla con un conjunto de requisitos al resolver desafiantes rompecabezas matemáticos. Este procedimiento utiliza una cantidad significativa de recursos informáticos y sirve como defensa contra actividades maliciosas. Al examinar las firmas digitales de las transacciones, confirmar la disponibilidad de fondos y verificar que se hayan seguido las reglas de la red, los mineros validan las transacciones contenidas en el bloque.

Una cadena continua de bloques se crea una vez que el bloque ha sido verificado y añadido a la cadena de bloques actual. El bloque recién añadido se conecta al bloque anterior mediante hashes criptográficos, asegurando aún más la inmutabilidad y transparencia de la cadena de bloques. El estado del libro mayor debe actualizarse para reflejar las nuevas transacciones como parte de la entrada del bloque a la cadena de bloques.

Los métodos para la verificación de transacciones y la adición de bloques ofrecen varios beneficios que mejoran la seguridad, transparencia y confiabilidad de la cadena de bloques.

Solo las transacciones genuinas y legítimas se añaden a la cadena de bloques como resultado de la verificación de transacciones. Los mecanismos de consenso de la red de cadena de bloques, como PoW o PoS, aseguran que la mayoría de los usuarios estén de acuerdo en que las transacciones son genuinas. La naturaleza descentralizada y basada en consenso de la red hace muy improbable que actores malintencionados cambien o manipulen las transacciones registradas una vez que se ha añadido un bloque a la cadena de bloques, manteniendo la seguridad e inmutabilidad de la cadena de bloques.

Gracias a su apertura y accesibilidad, la tecnología de la cadena de bloques proporciona transparencia y auditabilidad. Cualquier usuario de la red tiene acceso a los datos de la cadena de bloques y puede verificar la legitimidad y veracidad de cualquier transacción que haya sido registrada. La capacidad para que personas y organizaciones auditen y verifiquen de manera independiente la información transaccional aumenta la confianza y la responsabilidad dentro de las industrias que utilizan la tecnología de la cadena de bloques.

La estructura descentralizada de la tecnología de la cadena de bloques elimina la necesidad de intermediarios y autoridades centralizadas en las transacciones. Los métodos de adición de bloques y verificación impulsados por consenso garantizan que varios nodos de la red estén de acuerdo sobre la legitimidad de las transacciones, mejorando la confianza y reduciendo la dependencia de una única autoridad. La descentralización impulsa la productividad, reduce los gastos y aumenta la resistencia a ataques y fallas sistémicas.

La integridad y confiabilidad general de la cadena de bloques se potencian mediante los procesos de adición de bloques y verificación de transacciones. Un alto nivel de integridad de datos es proporcionado por las técnicas criptográficas empleadas en firmas digitales y mecanismos de consenso, asegurando la precisión e inmutabilidad de las transacciones registradas. La inmutabilidad de la cadena de bloques garantiza además la precisión y durabilidad de los datos que han sido registrados.

Aunque los procedimientos de verificación de transacciones y adición de bloques tienen muchos beneficios, también hay algunos inconvenientes y la necesidad de mejoras.

La escalabilidad se está convirtiendo en un problema importante a medida que la tecnología de la cadena de bloques continúa ganando popularidad y adopción. Los procesos de verificación y adición de bloques requieren recursos computacionales, lo que podría limitar la velocidad a la que pueden operar las redes de blockchain, así como su capacidad. Para superar estas dificultades y permitir un mejor rendimiento y un procesamiento de transacciones más rápido, los investigadores y desarrolladores están estudiando opciones alternativas de escalado, como el particionamiento y los protocolos de capa dos.

Se plantean preocupaciones sobre el impacto ambiental de la tecnología de la cadena de bloques debido a que los mecanismos de consenso, especialmente PoW, pueden ser intensivos en energía. Se están desarrollando mecanismos de consenso alternativos, como PoS o prueba de participación delegada (DPoS), en un esfuerzo por preservar la seguridad e integridad de la cadena de bloques, al tiempo que consumen menos energía.

Para que la tecnología de la cadena de bloques sea ampliamente utilizada, es esencial establecer estándares a nivel de la industria y lograr interoperabilidad entre varias redes de cadena de bloques. Hay iniciativas en marcha para crear marcos y protocolos que permitan una comunicación y cooperación fluidas entre diversos sistemas de cadena de bloques. La interoperabilidad hará posible la transferencia de activos y datos entre otras cadenas de bloques, aumentando la utilidad y el valor general de la tecnología.

Aunque la tecnología de la cadena de bloques promueve la transparencia, debe equilibrarse con las necesidades de privacidad y confidencialidad. Se están investigando diversos métodos para aumentar la privacidad en la cadena de bloques sin comprometer la seguridad e integridad, incluyendo pruebas de conocimiento cero y transacciones privadas.

La tecnología de la cadena de bloques depende en gran medida de los procedimientos de verificación de transacciones y adición de bloques para garantizar la seguridad, transparencia y confiabilidad de las transacciones registradas en la cadena de bloques. Las transacciones se validan mediante la verificación, confirmando su legitimidad y su cumplimiento de criterios predeterminados. La adición de bloques genera un registro inmutable de transacciones, dando lugar a una cadena de transacciones que forma la base de la cadena de bloques. Estos procedimientos interrumpen los sistemas convencionales y fomentan la innovación al permitir la confianza, descentralización y transparencia en diversas industrias. Para que la tecnología de la cadena de bloques alcance su máximo potencial y logre un uso generalizado en el futuro, será esencial abordar problemas de escalabilidad, consumo de energía, interoperabilidad y privacidad. El futuro de las transacciones digitales aún se está moldeando mediante la verificación de transacciones y la adición de bloques, fomentando un nuevo paradigma de eficiencia y confianza.

Minería: Qué es y cómo funciona

Ha comenzado una nueva era de transacciones digitales descentralizadas gracias a la tecnología de la cadena de bloques, y la minería está en el núcleo de esta innovación revolucionaria. La integridad, seguridad y consenso de la red de la cadena de bloques dependen crucialmente de la minería. Esta sección ofrece una investigación exhaustiva sobre la minería, centrándose en su definición, principios y efectos. Las personas pueden apreciar la importancia de la minería en el ecosistema de la cadena de bloques y su potencial para revolucionar numerosas industrias al comprender las complejidades de la minería.

El proceso computacional de validar y añadir nuevos bloques de transacciones a la cadena de bloques se conoce como minería. Además de crear bloques y verificar transacciones, también mantiene la seguridad y el consenso de la red descentralizada. Para salvaguardar la red y obtener recompensas, los mineros compiten para resolver desafiantes rompecabezas matemáticos utilizando hardware potente y software especializado.

La primera y más conocida criptomoneda, Bitcoin, es donde surgió la idea de la minería. Los usuarios individuales pueden acceder inicialmente a la minería con hardware informático simple. Sin embargo, la minería se ha vuelto más difícil y exigente en recursos a medida que la tecnología de la cadena de bloques avanzó y ganó popularidad. Para adaptarse a las crecientes demandas informáticas de la minería, surgieron equipos de minería especializados, como los circuitos integrados específicos de la aplicación (ASIC).

Los mecanismos de consenso utilizados por diferentes cadenas de bloques están íntimamente relacionados con la minería. Prueba de Trabajo (PoW) y Prueba de Participación (PoS) son dos técnicas empleadas con frecuencia.

Las cadenas de bloques que utilizan Prueba de Trabajo (PoW) necesitan que los mineros compitan para resolver difíciles rompecabezas matemáticos llamados funciones hash con el fin de validar transacciones y añadir nuevos bloques. Se requiere que los mineros encuentren un valor hash específico que cumpla con los requisitos especificados, lo cual demanda una cantidad significativa de potencia de procesamiento. El primer minero en completar el desafío recibe el permiso para añadir un nuevo bloque a la cadena de bloques y es recompensado con bitcoin.

Por otro lado, los sistemas de Prueba de Participación (PoS) seleccionan a los creadores de bloques en función de su participación de propiedad en la red. Los sistemas basados en PoS tienen en cuenta las tenencias de criptomonedas de los participantes en lugar de depender únicamente de la potencia de procesamiento. Los creadores de bloques son seleccionados de manera determinista, con la probabilidad de selección directamente correlacionada con su participación en la red.

Al confirmar su autenticidad y asegurarse de que se adhieran a las regulaciones predefinidas de la red de la cadena de bloques, los mineros validan transacciones. Como parte de este procedimiento de verificación, se examinan las firmas digitales, se verifica la disponibilidad de fondos suficientes y se siguen los requisitos específicos del protocolo.

Después de que un grupo de transacciones ha sido validado, los mineros las compilan en un bloque y añaden otra información, como una marca de tiempo y una referencia al bloque anterior. El bloque se transmite luego a través de la red para que otros nodos lo validen.

Los protocolos de la cadena de bloques modifican la dificultad de la minería con el fin de mantener una tasa constante de creación de bloques y regular la emisión de nueva moneda. La cantidad de procesamiento necesaria para encontrar un hash de bloque legítimo depende de su dificultad. Para minar con éxito un bloque, los mineros deben cumplir primero con el valor objetivo, determinado por la dificultad. La dificultad se ajusta en respuesta a los cambios en la capacidad de procesamiento de la red para mantener un tiempo de producción de bloques aproximadamente constante.

Por sus esfuerzos en proteger la red y generar nuevos bloques, los mineros reciben una recompensa. Los componentes habituales de las recompensas de bloque incluyen bitcoin recién creados y las tarifas de transacción pagadas por los usuarios para que sus transacciones se incluyan en el bloque. Por ejemplo, la recompensa por bloque en Bitcoin comenzó en 50 bitcoins por bloque y se reduce aproximadamente a la mitad cada cuatro años. Este sistema de recompensa decreciente garantiza la emisión controlada de nuevas monedas.

La industria minera se ha vuelto más competitiva en los últimos años, lo que dificulta que los mineros individuales compitan contra operaciones a gran escala. Para aumentar sus posibilidades de ganar recompensas, varios mineros agrupan su poder de procesamiento en piscinas de minería. Según la contribución de cada minero a la computación, las piscinas distribuyen las recompensas de manera proporcional entre los mineros participantes.

Para mantener la naturaleza descentralizada de la cadena de bloques, la minería es esencial. La minería distribuye el control y la capacidad de tomar decisiones entre numerosas organizaciones al proporcionar incentivos para que los participantes contribuyan con recursos computacionales. Al garantizar que ninguna entidad única pueda controlar la cadena de bloques, el mecanismo de consenso eleva la seguridad y la confianza en la red.

Al garantizar la validación y verificación de transacciones mediante la minería, se evitan el doble gasto y otros comportamientos fraudulentos. Cualquier participante puede confirmar la legitimidad e integridad de las transacciones registradas en los bloques debido a la transparencia de la cadena de bloques. Esta transparencia hace posible la promoción de la confianza, responsabilidad y auditabilidad dentro de las industrias que utilizan la cadena de bloques.

La resiliencia y estabilidad de la red de cadena de bloques se fortalecen a través del proceso descentralizado de minería. Para que el mecanismo de consenso funcione, la mayoría de los participantes deben estar de acuerdo en que un bloque es válido. Los mineros distribuidos garantizan que la red pueda resistir ataques o fallos. Las redes de cadena de bloques son resistentes a la censura, el hacking y los puntos únicos de fallo gracias a su resiliencia.

La minería requiere recursos de procesamiento significativos, especialmente en cadenas de bloques con un modelo de Prueba de Trabajo (PoW). Se han expresado preocupaciones sobre cómo esto podría afectar la sostenibilidad de las operaciones mineras y el medio ambiente. Actualmente, existen iniciativas para investigar técnicas de consenso más eficientes en energía, como la Prueba de Participación (PoS), que pueden preservar la seguridad de la red mientras consumen menos energía.

Existe la posibilidad de que la minería se vuelva más centralizada, con un pequeño número de entidades poderosas que poseen una cantidad significativa del poder de minería, a medida que se vuelve más competitiva y exigente en recursos. La característica de descentralización de la cadena de bloques podría verse comprometida si esta concentración de poder continúa. Las futuras innovaciones en minería seguirán enfrentando dificultades para encontrar un equilibrio entre descentralización y eficiencia.

Un desafío significativo para la minería es escalar las redes de cadena de bloques para manejar un aumento en el número de transacciones. La congestión y los tiempos de confirmación prolongados pueden resultar de un aumento en el volumen de transacciones. Los problemas de escalabilidad de las redes de cadena de bloques se están abordando con innovaciones como el particionamiento y soluciones de capa dos.

El mecanismo esencial de la tecnología de la cadena de bloques, la minería, permite la formación de bloques, la verificación de transacciones y la seguridad de la red. A través de la potencia computacional y los mecanismos de consenso, los mineros compiten para crear nuevos bloques y validar transacciones. El procedimiento garantiza la descentralización, seguridad y transparencia de la cadena de bloques. Abordar problemas relacionados con el consumo de energía, la centralización y la escalabilidad a medida que se desarrolla la tecnología de la cadena de bloques abrirá la puerta a métodos de minería más productivos y respetuosos con el medio ambiente. Con su enfoque basado en incentivos, la minería tiene el poder de transformar industrias enteras, redefinir modelos de confianza y remodelar la forma en que se llevarán a cabo las transacciones y las economías digitales en el futuro. La minería sigue influyendo en el panorama de los sistemas descentralizados debido a su posición crucial en la tecnología de la cadena de bloques, abriendo nuevas oportunidades para un futuro digital más seguro y transparente.

Tarifas de transacción y recompensas por bloque.

Con la introducción de la tecnología de la cadena de bloques, las transacciones digitales descentralizadas han adoptado un nuevo paradigma en el que las tarifas de transacción y las recompensas por bloque son cruciales para motivar a los participantes y mantener el funcionamiento fluido de la red. El propósito de esta sección es investigar los mecanismos y la importancia de las tarifas de transacción y las recompensas por bloque en la tecnología de la cadena de bloques. Las personas pueden aprender más sobre cómo las redes de cadena de bloques logran seguridad, sostenibilidad y equidad explorando las implicaciones económicas de estos incentivos.

Los usuarios deben pagar tarifas de transacción para que sus transacciones se incluyan en la cadena de bloques, lo que brinda a los mineros un incentivo financiero para priorizar y aprobar transacciones. Estas tarifas compensan a los mineros por la potencia de procesamiento, el trabajo y el tiempo que invierten en proteger y mantener la red de la cadena de bloques. Las tarifas de transacción están influenciadas por diversas variables, como la congestión de la red y el tamaño de la transacción. Los usuarios buscan validar sus transacciones rápidamente cuando aumenta la congestión de la red, creando un mercado de tarifas más alto. Las tarifas más altas son el resultado de transacciones más grandes que utilizan más espacio en la cadena de bloques y requieren mayores recursos computacionales. Las tarifas de transacción se determinan por la dinámica de oferta y demanda. Los usuarios determinan de manera independiente las tarifas que desean pagar, y los mineros deciden qué transacciones incluir en un bloque según su potencial de beneficio. Para aumentar sus ganancias, los mineros a menudo priorizan las transacciones con tarifas más altas. Los usuarios que pagan tarifas más pequeñas pueden experimentar períodos de confirmación más largos.

Las recompensas por bloque son incentivos otorgados a los mineros en forma de criptomonedas después de que añaden con éxito un nuevo bloque a la cadena de bloques. Actúan como el principal método para emitir nuevas monedas y alientan a los mineros a dedicar potencia computacional a la seguridad de la red. En la red Bitcoin, donde la recompensa por bloque comenzó en 50 bitcoins por bloque y se reduce a la mitad aproximadamente cada cuatro años, se puede observar la evolución de las recompensas por bloque. Este mecanismo de recompensa decreciente limita la oferta total de la criptomoneda y la hace gradualmente más escasa. Las recompensas por bloque compensan a los mineros por su trabajo, cubren los costos operativos y les proporcionan un incentivo financiero para mantener segura la red. Los mineros estarían menos inclinados a contribuir con potencia computacional sin estos incentivos, lo que reduciría la seguridad de la red. Las tarifas de transacción se vuelven más significativas a medida que la oferta total de una criptomoneda se acerca a su límite predeterminado. En lugar de las recompensas por bloque, se espera que las tarifas de transacción asuman el papel principal como fuente de incentivos para los mineros. Este cambio respalda ecosistemas de cadenas de bloques que son viables y rentables.

Se plantean preocupaciones significativas sobre la seguridad de la red, la descentralización, la experiencia del usuario y la sostenibilidad económica relacionadas con las tarifas de transacción y las recompensas por bloque. Estas proporcionan incentivos a los mineros para participar en el mecanismo de consenso y brindar potencia computacional para proteger la red de la cadena de bloques. Mercados de tarifas sólidos y recompensas por bloque razonables garantizan un ecosistema minero diverso y descentralizado, reduciendo la posibilidad de que una organización obtenga un control excesivo sobre la red. Las tarifas de transacción tienen un impacto directo en la rapidez con que se confirman las transacciones; tarifas más altas resultan en liquidaciones más rápidas. Los usuarios que buscan completar transacciones rápidamente pueden optar por cobrar tarifas más altas. Se vuelve crucial que los usuarios equilibren el tiempo de confirmación deseado con una tarifa razonable. La viabilidad económica de las redes de cadenas de bloques se ve favorecida aún más por los costos de transacción y las recompensas por bloque. Las tarifas de transacción equilibran el costo de participación con el valor obtenido de la red al alentar a los usuarios a pagar por los recursos que utilizan. Recompensas por bloque debidamente calibradas promueven un ecosistema minero sostenible, asegurándose de que los mineros reciban una compensación justa por su trabajo.

Para las redes de cadenas de bloques, la escalabilidad y la eficacia del mercado de tarifas son desafíos. La congestión puede resultar en un aumento de los costos de transacción y tiempos de confirmación más largos a medida que aumenta la popularidad. Estos problemas pueden resolverse y la eficiencia del mercado de tarifas puede mejorarse mediante la creación de soluciones de escalabilidad efectivas, como protocolos de capa dos o fragmentación. Para mejorar la experiencia del usuario, la educación del usuario y la optimización de tarifas son esenciales. Se puede capacitar a las personas para optimizar sus tarifas de transacción y encontrar un equilibrio entre precio y velocidad al proporcionarles acceso a herramientas de estimación de tarifas fáciles de usar y recursos educativos. La estabilidad en el mercado de tarifas también es un problema, ya que la volatilidad puede afectar las percepciones de los usuarios sobre la red y su confianza en ella. Técnicas como modelos de estimación de tarifas, límites de tarifas y algoritmos de mercado de tarifas pueden ayudar a crear un entorno de mercado de tarifas más estable al reducir la volatilidad y mejorar la experiencia del usuario.

La economía de la cadena de bloques debe incluir tarifas de transacción y recompensas por bloque. Las tarifas de transacción compensan a los mineros por sus recursos computacionales y fomentan la validación rápida de transacciones. La seguridad y la viabilidad a largo plazo de la red de la cadena de bloques están garantizadas por las recompensas por bloque. Para la seguridad de la red, la satisfacción del usuario y la viabilidad económica a largo plazo, es crucial lograr un equilibrio entre las tarifas de transacción y las recompensas por bloque. A medida que la tecnología de la cadena de bloques se desarrolla, superar problemas de escalabilidad y maximizar la eficacia del mercado de tarifas será fundamental para construir ecosistemas de cadenas de bloques sólidos y fáciles de usar. Las personas pueden navegar por el ecosistema de la cadena de bloques al comprender la economía que sustenta las tarifas de transacción y las recompensas por bloque, lo que desbloquea el potencial de transacciones digitales seguras, descentralizadas y financieramente sostenibles.

CAPÍTULO IV

Billeteras, Direcciones y Claves

Qué es una billetera de Bitcoin?

Las transacciones digitales han experimentado una revolución gracias a Bitcoin, la criptomoneda pionera. La billetera de Bitcoin, una herramienta crucial que permite a los usuarios almacenar, gestionar y realizar transacciones de forma segura con sus activos digitales, se encuentra en el centro de este ecosistema descentralizado. Esta sección tiene como objetivo proporcionar una comprensión completa de lo que es una billetera de Bitcoin examinando sus características, clasificaciones, precauciones de seguridad y el cambiante panorama tecnológico de las billeteras. Las personas pueden navegar por el mundo de los activos digitales con seguridad y confianza al aprender los matices de las billeteras de Bitcoin.

Una billetera de Bitcoin es un dispositivo o software que permite a los usuarios almacenar, controlar y comunicarse con sus tenencias de Bitcoin. Esta almacena de manera segura las claves criptográficas necesarias para acceder y transmitir Bitcoin. La generación de pares de claves, la gestión de transacciones, la seguridad y la autenticación son solo algunas de las funciones que realizan las billeteras de Bitcoin. Se crean una clave pública y una clave privada durante la generación de pares de claves. Mientras que la clave privada se mantiene en privado y se utiliza para acceder y aprobar transacciones de Bitcoin, la clave pública sirve como la dirección de la billetera del usuario. Los usuarios pueden transferir y recibir Bitcoin a través de la gestión de transacciones, ver el historial de transacciones y realizar un seguimiento de los saldos de la billetera. Las claves privadas de los usuarios están protegidas por procedimientos de seguridad y autenticación, que utilizan cifrado, seguridad de contraseñas y autenticación de múltiples factores para asegurar solo el acceso permitido.

Existen muchos tipos diferentes de billeteras de Bitcoin, cada una con características y niveles de protección únicos. Las billeteras de software, las billeteras de hardware y las billeteras de papel son las tres variedades más populares. Las billeteras de software incluyen billeteras móviles, creadas para teléfonos inteligentes para brindar facilidad y portabilidad, así como billeteras de escritorio, instaladas en computadoras personales y que permiten una gestión y protección completas. Las billeteras web son convenientes pero dependen de las precauciones de seguridad tomadas por el proveedor de la billetera. Se accede a ellas mediante navegadores web. Las billeteras de hardware, que son objetos físicos, ofrecen una mayor seguridad al mantener las claves privadas sin conexión. Las billeteras de papel proporcionan una solución de almacenamiento fuera de línea y económica al imprimir o escribir físicamente las claves privadas y públicas en papel.

En lo que respecta a las carteras de Bitcoin, la seguridad es de suma importancia. Es esencial preservar las claves privadas y se utilizan métodos de cifrado para mantener las claves protegidas contra accesos no autorizados. Se recomienda el uso de contraseñas fuertes y originales, ya que la protección por contraseña añade una capa adicional de seguridad. La autenticación multifactor aumenta la seguridad de la cartera al requerir una segunda forma de identificación, como una huella digital o una contraseña de un solo uso. Los procedimientos de respaldo y recuperación protegen contra la pérdida de datos o fallos del dispositivo, y se aconseja realizar copias de seguridad periódicas de los datos de la cartera en un lugar seguro fuera de línea o en almacenamiento en la nube. La elección de un servicio de cartera de confianza garantiza la seguridad e integridad de los activos de Bitcoin.

Con el desarrollo de la tecnología, las carteras de Bitcoin siguen cambiando. Las carteras multi-firma requieren múltiples firmas de claves privadas para aprobar una transacción, ofreciendo una capa adicional de seguridad y reduciendo la posibilidad de claves comprometidas. Con el fin de garantizar la simplicidad de uso y procedimientos efectivos de respaldo y recuperación, las carteras deterministas jerárquicas (HD) generan una jerarquía de claves a partir de una única semilla maestra. Mezcla de monedas, direcciones furtivas y transacciones secretas son solo algunas de las características que las carteras enfocadas en la privacidad proporcionan para aumentar el anonimato y la fungibilidad de las transacciones de Bitcoin.

Herramientas para gestionar, almacenar y utilizar Bitcoin de manera segura incluyen las carteras de Bitcoin. Estas permiten una comunicación fluida con la red de Bitcoin y otorgan a los usuarios control sobre sus claves privadas. Las personas pueden tomar decisiones informadas y proteger sus activos digitales al conocer los diversos tipos de carteras, los problemas de seguridad que plantean y el cambiante panorama de la tecnología de las carteras. Al adoptar prácticas seguras con las carteras, las personas pueden navegar por el universo de Bitcoin con confianza y aprovechar el potencial de esta tecnología innovadora. La tecnología de las carteras será esencial para determinar la seguridad, usabilidad y experiencia del usuario en el espacio de los activos digitales a medida que el ecosistema de Bitcoin se desarrolla aún más. Las personas pueden participar en el mundo de Bitcoin con confianza y proteger sus activos digitales al adoptar prácticas seguras con las carteras.

Claves públicas y privadas: Una visión general

Dentro del ámbito de la criptografía moderna, el concepto de claves públicas y privadas se presenta como un componente esencial en el proceso de garantizar la seguridad de transacciones y comunicaciones digitales. La encriptación, desencriptación y validación de firmas digitales son posibles mediante el uso conjunto de estas claves dentro de un sistema criptográfico. El propósito de esta sección es ofrecer una revisión integral de las claves públicas y privadas, examinando sus definiciones, funciones, las matemáticas subyacentes que las hacen seguras, así como sus aplicaciones en diversos dominios. Las personas pueden obtener una comprensión más profunda de la importancia de la seguridad criptográfica en la era digital y sus consecuencias para la seguridad de datos, la confidencialidad de la comunicación digital y la confiabilidad de las transacciones digitales al adentrarse en las complejidades de las claves públicas y privadas.

La criptografía simétrica y asimétrica son las dos clasificaciones principales que se pueden aplicar a los sistemas criptográficos. En cuanto a la encriptación y desencriptación, la criptografía simétrica solo utiliza una única clave, mientras que la criptografía asimétrica, que utiliza tanto claves públicas como privadas, es capaz de superar las dificultades asociadas con un intercambio seguro de claves.

La utilización de una clave pública y una clave privada es esencial para la práctica de la criptografía de clave pública, también conocida como criptografía asimétrica. Cualquiera puede verificar firmas digitales o encriptar datos porque la clave pública se distribuye libremente y está disponible para el público. La clave privada se puede utilizar tanto para desencriptar como para firmar, pero siempre debe mantenerse en confidencia. Se utilizan técnicas matemáticas complejas basadas en números primos y aritmética modular para generar el par de claves necesario para acceder al sistema.

La práctica de utilizar una única clave privada tanto para la encriptación como para la desencriptación es el núcleo de la criptografía de clave privada, también conocida como criptografía simétrica. Su aplicación principal se encuentra en los métodos de encriptación simétrica, que encriptan y desencriptan datos utilizando la misma clave en ambos procesos.

Tanto las claves públicas como las privadas son útiles para una variedad de propósitos y se pueden emplear en diversos contextos.

El uso de claves públicas en criptografía hace posible la comunicación segura al ofrecer tanto confidencialidad como privacidad. Cuando un remitente cifra una comunicación utilizando la clave pública del destinatario, se asegura de que solo el destinatario, que posee la clave privada correspondiente, pueda descifrar el mensaje y acceder al contenido original del mensaje. Durante el procedimiento de transmisión, esta metodología protege la información sensible.

El uso de la criptografía de clave pública es muy necesario para validar la autenticidad e integridad de las firmas digitales. El remitente genera una firma digital única al firmar un mensaje con su propia clave privada personal. Verificar la firma y asegurarse de que el mensaje no ha sido alterado durante la transmisión se pueden lograr con la ayuda de la clave pública del remitente, que está disponible para el destinatario. La verificación de la integridad del documento, la autenticación y la no repudiación son significativamente facilitadas por el uso de firmas digitales.

El uso de claves públicas en criptografía posibilita el intercambio seguro de claves. Es posible que dos partes establezcan una clave secreta compartida mediante métodos como el intercambio de claves de Diffie-Hellman sin intercambiar directamente la clave en sí. Este procedimiento garantiza que todas las comunicaciones estén protegidas y que todas las transmisiones de datos estén encriptadas.

La integridad de la criptografía de clave pública y privada depende no solo de la longitud y fortaleza de las claves, sino también de la gestión adecuada de las claves.

La longitud de la clave y la dificultad de los procedimientos matemáticos utilizados para generarla son dos factores que determinan la seguridad de la criptografía de clave pública y privada. Longitudes de clave más largas ofrecen una resistencia mejorada contra ataques de fuerza bruta, lo que hace computacionalmente imposible descifrar la encriptación intentando todas las posibles combinaciones de claves.

Es absolutamente necesario contar con una gestión de claves efectiva para mantener seguras tanto las claves públicas como las privadas. Es esencial preservar de manera segura las claves privadas y evitar el acceso no deseado a ellas en todo momento. Con el fin de mantener tanto la autenticidad como la integridad, las claves públicas solo deben difundirse a través de métodos confiables.

Tanto las claves públicas como las privadas tienen sus usos en una variedad de campos, incluido el desarrollo de protocolos de comunicación segura como HTTPS, SSH y VPN. En contratos legales, transacciones financieras y sistemas de votación electrónica, son esenciales para verificar la integridad del documento, autenticar el documento y garantizar que el documento no pueda ser repudiado. Además, la criptografía de clave pública permite tener procedimientos seguros de intercambio de claves, lo que posibilita enviar datos de forma cifrada.

Los sistemas criptográficos modernos se construyen sobre una base de claves públicas y privadas, que son responsables de posibilitar la comunicación segura, mantener la integridad de los datos y generar confianza en las transacciones digitales. En la actualidad, donde la seguridad de los datos es de suma importancia, es crucial contar con una comprensión fundamental de los principios y operaciones subyacentes a estas claves. Tanto individuos como organizaciones pueden proteger información sensible, establecer canales de comunicación seguros y fomentar la confianza en el ámbito digital cuando aplican políticas adecuadas de gestión de claves y aprovechan el poder de las claves públicas y privadas. En el entorno constantemente cambiante de la tecnología y la protección de datos, la seguridad criptográfica basada en claves públicas y privadas seguirá siendo un componente vital.

Direcciones de Bitcoin: Creación y uso

La revolucionaria moneda digital Bitcoin utiliza una red descentralizada y direcciones individuales para llevar a cabo transacciones. Como identificadores para enviar y recibir fondos, las direcciones de Bitcoin respaldan la seguridad y transparencia del sistema. El objetivo de esta sección es proporcionar a los lectores un conocimiento profundo de las direcciones de Bitcoin mediante la exploración de su creación, estructura y aplicación real en contextos transaccionales. Las personas pueden navegar de manera exitosa y clara en el ámbito de las finanzas digitales al aprender sobre las complejidades de las direcciones de Bitcoin.

Cadenas alfanuméricas conocidas como direcciones de bitcoin identifican la fuente o destino de fondos en la red de Bitcoin. Sirven como identidades públicas y permiten que las personas acepten dinero de manera segura y abierta. Las direcciones de bitcoin son necesarias para confirmar el historial de transacciones y el saldo de una cuenta específica.

Una dirección de Bitcoin promedio incluye un número de versión, un hash de la clave pública y un valor de comprobación. El formato suele ser una cadena de caracteres alfanuméricos, que comúnmente comienza con "1" para direcciones regulares y "3" para direcciones de múltiples firmas.

Las direcciones de Bitcoin vienen en una variedad de formatos, incluyendo Pago a la Clave Pública Hash (P2PKH), Pago a Script Hash (P2SH) y Bech32. Cada tipo ofrece características distintivas y es compatible con diversas plataformas de billeteras.

La clave privada y la clave pública de un par de claves criptográficas se utilizan para crear direcciones de Bitcoin. La clave privada es el secreto del propietario, generado de manera aleatoria. A partir de la clave privada, se deriva matemáticamente una clave pública correspondiente.

La clave pública se somete a un proceso de hash para producir una dirección de Bitcoin, a menudo utilizando los algoritmos SHA-256 y RIPEMD-160. Como resultado de este proceso, se crea una cadena de longitud fija que representa con precisión la clave pública, conocida como el hash de la clave pública.

Se añade un número de versión al hash de la clave pública para distinguir entre diversos formatos de direcciones. Además, se crea un valor de comprobación al realizar el hash del número de versión y del hash de la clave pública, y una parte de este hash resultante se agrega a la dirección. Al introducir direcciones manualmente, el valor de comprobación garantiza la precisión y evita errores comunes.

La codificación Base58 se utiliza para mostrar la dirección en un formato más accesible, excluyendo caracteres ambiguos como "0," "O," "I," y "l." Gracias a esta codificación, que convierte los datos hash en una serie de caracteres alfanuméricos, la dirección es menos propensa a errores de transcripción.

Las direcciones de Bitcoin se utilizan principalmente para recibir dinero. Cuando alguien desea recibir bitcoins, le proporcionan al remitente su dirección específica. Cualquiera puede ver la cantidad y el historial de transacciones relacionadas con esa dirección debido a la transparencia de la cadena de bloques.

La dirección de Bitcoin del destinatario debe especificarse como el destino al transferir bitcoins. La billetera del remitente utiliza la dirección del destinatario para construir una transacción, la cual luego se firma digitalmente con la clave privada del remitente. Después de ser transmitida a la red, la transacción se verifica y se agrega a la cadena de bloques.

La naturaleza de un solo uso de las direcciones de Bitcoin fomenta la privacidad y la seguridad. Reutilizar direcciones permite a terceros vincular numerosas transacciones a una única entidad, comprometiendo el anonimato. Para proteger la privacidad y reducir la posibilidad de análisis basado en direcciones, se aconseja generar una nueva dirección para cada transacción.

Un nivel adicional de conveniencia y seguridad es proporcionado por las billeteras jerárquicas deterministas (HD). Los usuarios pueden generar de manera determinista un número infinito de direcciones al producir una estructura jerárquica similar a un árbol de direcciones a partir de una única semilla maestra. Las billeteras HD facilitan los procedimientos de respaldo y recuperación de manera segura, y simplifican la administración de claves.

Proteger las claves privadas asociadas es esencial para mantener la seguridad de las direcciones de Bitcoin. Para resguardar sus claves privadas contra pérdidas o accesos no deseados, los usuarios deben utilizar métodos de almacenamiento seguros como billeteras de hardware o billeteras digitales encriptadas.

Es esencial realizar copias de seguridad periódicas de las claves privadas o utilizar las funciones de respaldo de la billetera para reducir el riesgo de perder el acceso a los fondos. Las copias de seguridad deben estar encriptadas o almacenadas de forma segura fuera de línea.

Es crucial confirmar la precisión de la dirección proporcionada por el remitente antes de aceptar cualquier Bitcoin. Se puede evitar la manipulación de direcciones, ya sea intencional o no intencional, verificando los primeros y últimos caracteres, utilizando códigos QR o dependiendo de métodos de solicitudes de pago confiables.

En el ecosistema de las criptomonedas, las direcciones de Bitcoin son esenciales para facilitar transacciones seguras y abiertas. Las personas pueden participar con confianza en el mundo de la banca digital cuando comprenden el proceso de formación, la estructura y la aplicación práctica de las direcciones de Bitcoin. Los usuarios pueden asegurarse de que las direcciones de Bitcoin se utilicen de manera segura y responsable al dar prioridad a cuestiones como la protección de la clave privada, la verificación de direcciones y consideraciones de privacidad. Mejoras e innovaciones en las direcciones mejorarán la eficacia, seguridad y privacidad de las transacciones digitales a medida que la red de Bitcoin continúe desarrollándose. Las personas pueden desbloquear todo el potencial de esta tecnología revolucionaria adoptando las ideas y procedimientos fundamentales que rigen las direcciones de Bitcoin.

Tipos de billeteras: billeteras en línea, billeteras frías, billeteras de hardware, billeteras de papel

La idea de las billeteras es fundamental en el mundo de las criptomonedas para almacenar y resguardar activos digitales. Las billeteras son dispositivos de hardware o software que permiten a los usuarios transmitir, recibir y almacenar criptomonedas como Bitcoin. Esta sección explora las diversas variedades de billeteras, incluyendo billeteras de papel, billeteras de hardware, billeteras en línea y billeteras frías. Aquellas personas que estén informadas sobre las características, beneficios y vulnerabilidades de cada tipo de billetera pueden decidir cómo proteger mejor sus activos digitales.

Las billeteras digitales conocidas como "billeteras en línea" o "hot wallets" están conectadas a internet y ofrecen a los usuarios un acceso rápido a sus tenencias de criptomonedas. Están disponibles en diversas formas, como billeteras en línea proporcionadas por proveedores de servicios externos y billeteras basadas en software, como las billeteras de escritorio y móviles. El objetivo principal de las billeteras en línea es brindar a los clientes un control efectivo sobre sus fondos de criptomonedas.

Los usuarios tienen acceso instantáneo para enviar y recibir criptomonedas gracias a las billeteras en línea. Estas proporcionan interfaces de usuario sencillas que facilitan las transacciones en la red de criptomonedas. Las billeteras en línea permiten a los usuarios realizar un seguimiento fácil de sus tenencias y llevar a cabo transacciones con funciones como el monitoreo de saldos, historial de transacciones y gestión de direcciones.

Las billeteras en línea pueden ser prácticas, pero es importante estar al tanto de sus riesgos de seguridad también. Los usuarios de billeteras en línea deben ser conscientes de las vulnerabilidades a las que estar en línea los expone.

Las billeteras en línea están significativamente en riesgo de amenazas en línea. Para acceder a fondos sin autorización, los hackers pueden atacar sistemas basados en la web o aprovecharse de vulnerabilidades en las billeteras de software. Los usuarios deben tomar precauciones para evitar amenazas comunes como malware y ataques de phishing. Además, algunas billeteras en línea son gestionadas por proveedores de servicios externos, lo que requiere que los usuarios confíen en las medidas de seguridad tomadas por estas organizaciones.

Los usuarios pueden implementar numerosas medidas de seguridad para reducir los riesgos de seguridad relacionados con las billeteras en línea. Cuando se utiliza junto con una contraseña, la autenticación de dos factores (2FA) ofrece una capa adicional de seguridad. La billetera y las claves privadas están cifradas para ayudar a prevenir el acceso no autorizado. El software de la billetera se parchea y actualiza regularmente para asegurarse de que cualquier vulnerabilidad conocida se corrija rápidamente. Para reducir el riesgo de utilizar software de billetera comprometido, también es crucial obtener las billeteras en línea de fuentes confiables.

Las billeteras en línea son prácticas, pero es importante comprender los riesgos que plantean. Los usuarios deben estar alerta ante malware, estafas de phishing y otros riesgos en línea que podrían comprometer la seguridad de sus billeteras en línea. Asegurar las tenencias de criptomonedas requiere aumentar la conciencia sobre los riesgos potenciales y fomentar la educación al respecto.

Las billeteras en línea son ideales para personas que realizan transacciones frecuentes con criptomonedas o necesitan un acceso rápido a su dinero. La simplicidad y eficacia de las billeteras en línea son ventajosas para traders, usuarios activos y cualquier persona que utilice con frecuencia criptomonedas para realizar pagos.

Se aconseja que los usuarios piensen en la gestión de riesgos y en la diversidad de billeteras. Los riesgos relacionados con tener todos sus activos en una sola billetera en línea se pueden reducir al distribuir su dinero entre varias billeteras. Se puede agregar un nivel adicional de seguridad al colocar la mayoría de sus tenencias de criptomonedas en billeteras frías o billeteras de hardware, y asignar una pequeña cantidad a una billetera en línea para uso diario.

Es esencial encontrar proveedores de billeteras confiables con un historial de seguridad y satisfacción del cliente al elegir billeteras en línea. Para garantizar la credibilidad y confiabilidad del proveedor de la billetera, la investigación detallada y la debida diligencia son importantes.

Al usar billeteras en línea, es crucial evaluar su tolerancia al riesgo. Los usuarios deben evaluar cuánta criptomoneda planean poner en una billetera en línea y tener en cuenta la posibilidad de pérdida. Cantidades más pequeñas deben mantenerse normalmente en billeteras en línea, mientras que cantidades mayores deben guardarse en almacenamiento más seguro.

Las carteras calientes ofrecen a los usuarios accesibilidad y comodidad al manejar sus fondos de criptomonedas. A pesar de que brindan acceso inmediato y interfaces amigables, es crucial tener en cuenta las amenazas de seguridad que surgen debido a su naturaleza en línea. La mejor manera de garantizar la seguridad de las tenencias de criptomonedas es implementar fuertes medidas de seguridad, mantenerse al día con las últimas tendencias en ciberseguridad y usar carteras calientes con precaución. Los usuarios pueden aprovechar las ventajas de las carteras calientes mientras reducen los posibles riesgos mediante medidas de gestión de riesgos, diversificando sus carteras y seleccionando proveedores confiables. Las personas están mejor equipadas para tomar decisiones informadas y participar con confianza en el ámbito de la banca digital cuando comprenden la funcionalidad y las implicaciones de seguridad de las carteras calientes.

Las carteras frías están diseñadas para gestionar fondos de criptomonedas sin conexión mientras almacenan claves privadas. Las carteras frías se aseguran de que las claves privadas nunca estén expuestas a riesgos en línea, a diferencia de las carteras calientes que están conectadas a Internet. Vienen en diversas formas, siendo las más populares las carteras de hardware y las carteras de papel.

Las carteras de hardware son dispositivos físicos diseñados con el propósito de almacenar de manera segura claves privadas fuera de línea. Son extremadamente seguras porque suelen utilizar un cifrado robusto y requieren confirmación física de las transacciones. Por otro lado, las carteras de papel generan e imprimen claves privadas en objetos físicos como papel. Ofrecen una capa adicional de protección y están completamente fuera de línea.

La defensa de las carteras frías contra los peligros en línea es uno de sus principales beneficios. Las claves privadas están protegidas contra intentos de piratería y malware, ya que nunca se ponen a disposición en línea, a diferencia de las carteras calientes. Las carteras frías también reducen la posibilidad de caer en estafas de phishing que buscan obtener los datos privados de los clientes. Además de proporcionar seguridad física, las carteras frías ofrecen protección contra los peligros en línea. Reducen la posibilidad de pérdida física o acceso no autorizado a las tenencias de criptomonedas manteniendo las claves privadas fuera de línea. Para asegurarse de que solo los usuarios autorizados puedan acceder a los fondos, varias carteras de hardware incorporan características de seguridad adicionales como autenticación de múltiples factores o acceso protegido por contraseña. Además, la mayoría de las carteras frías ofrecen herramientas para realizar copias de seguridad y recuperar las carteras de

forma segura, permitiendo a los usuarios recuperar sus fondos en caso de que su dispositivo se pierda, se rompa o sea robado.

Las carteras frías son ideales para almacenar activos de criptomonedas durante un período prolongado. Las personas que mantienen un porcentaje considerable de su dinero en carteras frías pueden beneficiarse de una mayor seguridad contra posibles amenazas. Estas carteras pueden crear datos de transacción firmados que luego se pueden transmitir a la red cuando la cartera está conectada a un dispositivo en línea, lo que las hace utilizables incluso para transacciones sin conexión. Esta función permite realizar transacciones seguras incluso cuando hay poca o ninguna conectividad a Internet.

Se aconseja diversificar el uso de carteras para encontrar un equilibrio entre conveniencia y seguridad. Mientras que la mayoría de los fondos pueden mantenerse en carteras frías para su custodia a largo plazo, las carteras calientes pueden utilizarse para transacciones diarias. Las carteras frías deben recibir actualizaciones de firmware con regularidad para garantizar que cuenten con las características de seguridad más recientes y correcciones de errores. Mantenerse al día con los procedimientos recomendados, como mantener copias de seguridad seguras de las claves privadas, ofrece una capa adicional de seguridad.

Una manera fuerte y segura de almacenar criptomonedas fuera de línea, las carteras frías ofrecen defensa contra amenazas en línea y robos físicos. Una forma de que las personas protejan sus activos digitales es mantener sus claves privadas fuera de línea. Las carteras frías permiten a los usuarios aumentar su nivel de seguridad y tranquilidad al proteger sus inversiones en criptomonedas, ya sea a través de carteras de hardware o carteras de papel. Las personas pueden aumentar la seguridad de su almacenamiento de criptomonedas mediante el uso de múltiples carteras, manteniéndose al día con las actualizaciones de firmware y siguiendo las mejores prácticas. Las personas pueden tomar decisiones bien informadas y fortalecer sus prácticas de almacenamiento de bitcoins al conocer las características y consideraciones de seguridad de las carteras frías.

Las carteras de hardware son objetos físicos diseñados para gestionar fondos de criptomonedas y almacenar de forma segura claves privadas. Proporcionan un entorno sin conexión, garantizando que las claves privadas estén protegidas de cualquier riesgo en línea. Hay muchos tipos diferentes de carteras de hardware, incluyendo tarjetas inteligentes, dispositivos basados en USB y equipos especializados. Utilizan técnicas de cifrado innovadoras y funciones de seguridad para mantener las claves privadas a salvo de accesos no autorizados. Las carteras de hardware ofrecen el más alto nivel de seguridad en comparación con otros tipos de carteras porque ofrecen almacenamiento sin conexión.

Las carteras de hardware vienen con una serie de beneficios de seguridad. En primer lugar, ofrecen almacenamiento offline, eliminando la amenaza de malware, phishing y otras amenazas en línea. En segundo lugar, para protegerse contra el robo físico o la manipulación de claves privadas, las carteras de hardware suelen incluir componentes seguros como circuitos resistentes a manipulaciones. También agregan una capa adicional de seguridad al requerir un número PIN especial para acceder y gestionar fondos de criptomonedas. Por último, pero no menos importante, las carteras de hardware suelen tener pantallas incorporadas que permiten a los usuarios confirmar y autorizar transacciones directamente en el dispositivo, reduciendo la posibilidad de manipulación de transacciones.

La facilidad de uso es una prioridad en las carteras de hardware, lo que las hace accesibles incluso para aquellos con un conocimiento básico de tecnología. Las interfaces facilitan la creación de direcciones, la gestión de activos de criptomonedas y la confirmación de transacciones. A través del uso de configuraciones de botones intuitivas, los usuarios pueden navegar rápidamente por las opciones de menú disponibles, ver los saldos de sus cuentas y comenzar a realizar transacciones.

Las carteras de hardware admiten numerosas criptomonedas, lo que permite a los usuarios almacenar y controlar varios activos digitales a la vez. Son una opción de almacenamiento flexible para una variedad de carteras de criptomonedas debido a su compatibilidad. La interfaz unificada de una cartera de hardware permite a los usuarios manejar fácilmente una variedad de monedas y tokens, simplificando el proceso de gestión de criptomonedas.

La resistencia de las carteras de hardware a las amenazas en línea es uno de sus principales beneficios. Eliminan la posibilidad de hacking, ataques de malware y intentos de phishing al mantener las claves privadas fuera de línea. Las actualizaciones regulares de firmware para las carteras de hardware también ayudan a los dispositivos al abordar posibles vulnerabilidades y garantizar que cuenten con las características de seguridad más recientes y correcciones de errores. Los usuarios solo deben comprar carteras de hardware de vendedores de confianza y deben confirmar la legitimidad de los dispositivos para maximizar la seguridad.

Las carteras de hardware ofrecen rigurosas características de seguridad física además de protección en línea. Para evitar la manipulación física o la extracción de claves privadas, estos dispositivos utilizan características a prueba de manipulaciones, como recubrimientos antimanipulación, sellos y piezas seguras. Incluso en caso de pérdida o robo del dispositivo, los usuarios pueden asegurarse de que sus claves privadas estén protegidas.

Aunque las carteras de hardware ofrecen una fuerte protección, los usuarios deben tener cuidado de mantener seguros sus dispositivos. Esto incluye guardar de manera segura las semillas de respaldo o frases de recuperación de la cartera de hardware, que son necesarias para la recuperación de la cartera. Además, los usuarios deben actualizar regularmente el firmware para aprovechar las últimas actualizaciones de seguridad proporcionadas por el fabricante de la cartera de hardware. Para minimizar el riesgo de utilizar dispositivos comprometidos o falsificados, es crucial confirmar la legitimidad de la cartera de hardware antes de su uso.

Para la custodia a largo plazo de activos de criptomonedas, especialmente montos significativos que no se acceden con frecuencia, las carteras de hardware son ideales. Las personas pueden beneficiarse de una mayor seguridad contra posibles amenazas al poner una cantidad considerable de sus fondos en carteras de hardware. Dado que estas carteras permiten a los usuarios crear datos de transacciones firmados, que luego se pueden transmitir a la red cuando la cartera está conectada a un dispositivo en línea, también son apropiadas para transacciones sin conexión. Para lograr un equilibrio entre seguridad y accesibilidad, se recomienda diversificar el uso de carteras combinando carteras de hardware con carteras calientes. Para garantizar que las carteras de hardware incluyan las características de seguridad más recientes y correcciones de errores, se deben instalar actualizaciones regulares de firmware.

Las carteras de hardware, que ofrecen almacenamiento fuera de línea, cifrado de alto nivel e interfaces fáciles de usar, se han convertido en el compañero ideal de seguridad para el almacenamiento de criptomonedas. Las carteras de hardware proporcionan una protección sin igual contra amenazas en línea y manipulación física al mantener las claves privadas fuera de línea y utilizar sólidas protecciones de seguridad. Para aprovechar las ventajas de seguridad proporcionadas por las carteras de hardware, los usuarios deben seguir las mejores prácticas, como almacenar de manera segura las semillas de respaldo y actualizar frecuentemente el firmware. Para aquellos que buscan proteger sus inversiones en criptomonedas, las carteras de hardware se han convertido en la opción preferida debido a su versatilidad, simplicidad y seguridad inigualable. Las personas están mejor equipadas para tomar decisiones informadas y participar con confianza en el ámbito de la banca digital cuando comprenden la funcionalidad y las implicaciones de seguridad de las carteras de hardware.

Las carteras de papel son documentos físicos que contienen los datos necesarios para almacenar y acceder a fondos de criptomonedas sin conexión a Internet. Están compuestas por claves privadas e direcciones públicas impresas, que se presentan frecuentemente en forma de códigos alfanuméricos o códigos QR. Las claves privadas nunca están expuestas a amenazas en línea, ya que las carteras de papel se preparan con equipos fuera de línea. Añaden una capa adicional de seguridad al mantener completamente los activos digitales fuera de línea.

Las carteras de papel cuentan con varios beneficios de seguridad distintivos. Son resistentes a intentos de hacking en línea, virus y ataques de phishing, ya que se crean y almacenan fuera de línea. El riesgo de acceso no deseado a los fondos de criptomonedas se reduce significativamente porque las claves privadas nunca se hacen públicas en Internet. Las carteras de papel también eliminan la necesidad de depender de proveedores de servicios poco confiables, brindando a los usuarios acceso directo a sus fondos.

Crear una cartera de papel es fácil de hacer y no requiere ningún conocimiento tecnológico. Las carteras de papel se pueden crear utilizando diversas herramientas y aplicaciones en línea, lo que permite a los usuarios imprimir de manera segura sus claves privadas y direcciones públicas. Además, las carteras de papel son sencillas de usar porque los datos necesarios se pueden guardar en forma física y conservarse en un lugar seguro.

Al mantener las claves privadas fuera de línea, las carteras de papel ofrecen auténticas capacidades de almacenamiento en frío. Este almacenamiento fuera de línea elimina el riesgo de vulnerabilidades digitales relacionadas con billeteras en línea e intercambios. Los usuarios pueden maximizar la seguridad de sus activos de criptomonedas almacenando de manera segura sus carteras de papel en lugares físicos como cajas fuertes o cajas de seguridad.

Es importante trabajar en un entorno seguro y confiable al crear una cartera de papel. Es esencial utilizar herramientas fuera de línea confiables y verificar la confiabilidad del software. Los usuarios son responsables de asegurarse de que su sistema operativo e impresora sean seguros y estén libres de malware. La seguridad de la cartera de papel impresa también debe mantenerse a través de una gestión cuidadosa, como protegerla contra daños físicos o acceso no autorizado.

La duplicación de la cartera de papel es esencial para realizar copias de seguridad y redundancia. Los usuarios deben considerar imprimir múltiples copias de la cartera de papel y guardarlas de manera segura en varios lugares alrededor de su hogar. Este procedimiento asegura que sigan habiendo copias de respaldo disponibles en caso de que una copia se destruya, pierda o comprometa, permitiendo recuperar los fondos.

Las carteras de papel ofrecen una seguridad excepcional, pero también tienen ciertos inconvenientes. Las claves privadas deben importarse a una cartera de software o hardware para acceder a los fondos de criptomonedas almacenados en una cartera de papel. Los usuarios deben comprender los posibles riesgos y dificultades involucrados en este procedimiento, conocido comúnmente como "barrer" la cartera, y seguirlo cuidadosamente. Dada su naturaleza física y la necesidad de protegerlas contra daños o pérdidas, las carteras de papel pueden no ser tan portátiles como otros tipos de carteras.

Para la custodia a largo plazo de activos criptográficos de gran tamaño que no se acceden con frecuencia, las carteras de papel son excelentes. Al mantener las claves privadas fuera de línea y alejadas de los peligros en línea, proporcionan el más alto nivel de protección. Los usuarios deben asegurarse de crear carteras de papel con herramientas fuera de línea confiables, manejarlas y almacenarlas de manera segura, y hacer varias copias de respaldo en diversos lugares físicos. Es fundamental entender los peligros y dificultades asociados con la importación de claves privadas desde una cartera de papel y actuar con precaución al acceder a los fondos.

Las carteras de papel ofrecen a los propietarios de bitcoins una opción segura y fuera de línea para almacenar sus activos digitales, garantizando su protección. Las carteras de papel brindan seguridad en el ecosistema de criptomonedas debido a sus ventajas únicas de seguridad, simplicidad de creación y capacidades reales de almacenamiento en frío. Para maximizar la seguridad, los usuarios deben seguir las mejores prácticas en la creación, gestión, copia de seguridad y procedimientos para acceder a los fondos. Las personas están mejor preparadas para tomar decisiones acertadas y proteger con confianza sus inversiones en bitcoins cuando comprenden las funciones y consideraciones de seguridad de las carteras de papel.

CAPÍTULO V

Comprar, Vender y Utilizar Bitcoin

Cómo y dónde comprar Bitcoin

La criptomoneda pionera, Bitcoin, se ha vuelto increíblemente popular en los últimos años. Comprender las diversas plataformas y técnicas para comprar Bitcoin es crucial para cualquier persona interesada en hacerlo. Esta sección ofrece un tutorial exhaustivo sobre dónde y cómo comprar Bitcoin. Examina las muchas opciones, incluyendo redes peer-to-peer, intercambios de criptomonedas y cajeros automáticos de Bitcoin. Las personas pueden navegar cómodamente por el mercado de Bitcoin y tomar decisiones acertadas si tienen una comprensión completa del proceso de compra y las plataformas involucradas.

Los mercados en línea llamados intercambios de criptomonedas facilitan la adquisición y venta de activos digitales como Bitcoin. Ofrecen un medio sencillo y conveniente para ingresar a la industria de las criptomonedas. Es importante seleccionar un intercambio de confianza, teniendo en cuenta aspectos como la reputación, precauciones de seguridad, experiencia del usuario y métodos de pago aceptados. Antes de realizar una orden de compra, que puede ejecutarse rápidamente o colocarse como una orden límite, es necesario crear una cuenta y verificar la identidad. Los intercambios de criptomonedas ofrecen una variedad de características y opciones de negociación para satisfacer diferentes preferencias.

Sin la asistencia de un intercambio centralizado, los compradores y vendedores pueden negociar Bitcoin directamente utilizando plataformas peer-to-peer (P2P). Estas plataformas ofrecen más flexibilidad y privacidad. Al seleccionar una plataforma P2P de confianza, se deben tener en cuenta consideraciones como las opiniones de los usuarios, los servicios de depósito en garantía, los procedimientos de resolución de disputas y las medidas de seguridad. Los usuarios pueden registrarse, verificar su identificación, ver listados y negociar términos con los vendedores. Para coordinar el pago y la transferencia de Bitcoin del depósito en garantía a la billetera del comprador, la comunicación es esencial.

Las máquinas físicas llamadas cajeros automáticos de Bitcoin permiten a los consumidores comprar Bitcoin con efectivo o con una tarjeta de débito o crédito. Se pueden utilizar recursos en línea que ofrecen mapas detallados y directorios para localizar un cajero automático de Bitcoin. Para usar un cajero automático de Bitcoin, primero debes encontrar el más cercano, elegir la opción "Comprar Bitcoin", ingresar la cantidad necesaria, proporcionar una dirección de billetera de Bitcoin y luego pagar con efectivo o tarjeta de crédito. El Bitcoin comprado se envía posteriormente a la billetera designada.

Existen diversas consideraciones de seguridad y mejores prácticas que deben seguirse para garantizar una experiencia de compra de Bitcoin sin riesgos. Estas incluyen adoptar contraseñas fuertes, habilitar la autenticación de dos factores y resguardar las billeteras de Bitcoin personales con proveedores confiables. Antes de realizar una compra, las plataformas deben ser investigadas a fondo para encontrar plataformas confiables. Para aprovechar las medidas de seguridad mejoradas, las billeteras y plataformas de negociación deben actualizar regularmente su software y firmware. Mantener un entorno seguro requiere educación continua y estar al tanto de los procedimientos de seguridad más recientes en la industria de Bitcoin.

Es importante sopesar cuidadosamente tus opciones al comprar Bitcoin y estar al tanto de los procedimientos involucrados. Hay diferentes formas de comprar Bitcoin, cada una con sus propias ventajas y consideraciones, que incluyen redes peer-to-peer, cajeros automáticos de Bitcoin e intercambios de criptomonedas. Las personas pueden ingresar con confianza al mundo de la propiedad de Bitcoin al elegir plataformas confiables, completar las verificaciones necesarias e implementar las mejores medidas de seguridad. Una experiencia de compra de Bitcoin segura y satisfactoria depende de mantenerse informado, ajustarse a las medidas de seguridad cambiantes y educarse continuamente. Es fundamental abordar las compras de Bitcoin con precaución, investigación y un compromiso con la protección personal, ya que la industria de las criptomonedas continúa desarrollándose.

Vender Bitcoin: Plataformas y proceso

La primera criptomoneda, Bitcoin, se ha vuelto increíblemente popular en los últimos años. Comprender el procedimiento de venta de Bitcoin es esencial, ya que cada vez más personas y empresas utilizan este activo digital. Esta sección examinará las plataformas y los procedimientos involucrados en la venta de Bitcoin para ayudar a los lectores a tomar decisiones acertadas y navegar con éxito en el mercado de criptomonedas.

Comprender los fundamentos de Bitcoin es crucial antes de comenzar a venderlo. La cadena de bloques, una red descentralizada que respalda a Bitcoin, registra de manera segura y abierta cada transacción. Puede comprarse, intercambiarse y comercializarse utilizando diversos canales y mercados, y solo existe en forma digital.

Los lugares más populares para vender Bitcoin son los intercambios de criptomonedas. Estos mercados en línea facilitan la compra y el comercio de Bitcoin y otras criptomonedas. Algunos ejemplos de intercambios conocidos son Coinbase, Binance, Kraken y Bitstamp. Las consideraciones al seleccionar un intercambio incluyen sus protocolos de seguridad, tarifas, liquidez, países admitidos y facilidad de uso.

Las plataformas peer-to-peer (P2P) eliminan la necesidad de que un intercambio actúe como intermediario al poner en contacto directo a compradores y vendedores. Dos plataformas P2P conocidas son LocalBitcoins y Paxful. Ofrecen una variedad de alternativas de pago, como transferencias bancarias, depósitos en efectivo y tarjetas de regalo, y proporcionan un área segura para que las personas intercambien Bitcoin. En transacciones P2P, es esencial actuar con precaución y confirmar la legitimidad de la contraparte.

Normalmente, los usuarios deben registrarse para obtener una cuenta en la plataforma preferida para vender Bitcoin. Esto implica proporcionar datos personales, completar procesos de verificación de identificación o KYC y crear una contraseña segura. Dependiendo de la plataforma y la jurisdicción, pueden aplicarse diferentes requisitos de KYC.

Es vital tener una billetera digital para almacenar y enviar Bitcoin antes de venderlo. Las billeteras pueden ser basadas en la web (Coinbase Wallet, MyEtherWallet), basadas en software (Electrum, Exodus) o basadas en hardware (Ledger, Trezor). Proteger los activos digitales requiere seleccionar una billetera confiable y segura.

El proceso de venta puede comenzar después de haber creado la billetera y la cuenta. Los usuarios suelen ir a la sección de "Vender" o "Comerciar" de un intercambio de criptomonedas, eligen Bitcoin como activo, ingresan la cantidad o precio requerido y luego verifican los detalles de la transacción. Los vendedores pueden publicar anuncios en sitios P2P que incluyan la cantidad de Bitcoin que están ofreciendo en venta, el método de pago preferido y cualquier otra condición.

La plataforma vincula la oferta del vendedor con posibles compradores después de iniciar la transacción. En los intercambios, la transacción tiene lugar en la plataforma misma, con el intercambio actuando como intermediario para acelerar el procedimiento. Los sistemas P2P emparejan a posibles compradores y vendedores, y el proceso de negociación y transacción se lleva a cabo directamente entre las partes.

Una vez que se ha identificado a un comprador y se ha llegado a un acuerdo, el comprador utiliza el método preferido para realizar el pago. Esto puede implicar transacciones en efectivo, transferencias bancarias o sistemas de pago en línea como PayPal y Venmo. Por lo general, el vendedor recibe el dinero directamente en su billetera designada o en su cuenta en la plataforma. Antes de enviar al cliente su Bitcoin, es crucial confirmar que el dinero ha sido recibido.

Vender bitcoin conlleva el riesgo de ser blanco de estafas, fraudes y intentos de hackers. Los usuarios deben activar la autenticación de dos factores (2FA) para sus cuentas, actualizar con frecuencia el software de su billetera y tener precaución al interactuar con desconocidos para reducir estos riesgos. Utilizar plataformas confiables con medidas de seguridad sólidas y almacenar Bitcoin en una billetera segura son esenciales.

La venta de Bitcoin podría conllevar obligaciones tributarias, dependiendo del país. Para garantizar el cumplimiento, es crucial hablar con expertos fiscales o familiarizarse con las leyes tributarias pertinentes. Al conocer las implicaciones legales de las transacciones con criptomonedas, los vendedores pueden evitar posibles problemas legales.

Con la capacidad de intercambiar activos digitales por dinero fiduciario u otras inversiones, la venta de Bitcoin se ha convertido en un componente crucial del ecosistema de criptomonedas. Las personas pueden navegar con confianza en el mundo de las ventas de Bitcoin eligiendo la plataforma adecuada, comprendiendo el procedimiento de venta y estableciendo las medidas de seguridad necesarias. Realizar transacciones rentables con Bitcoin dependerá de tu capacidad para mantenerte informado y adaptarte a los cambios a medida que se desarrolla el mercado de criptomonedas.

Usar Bitcoin para transacciones: ¿Dónde y cómo?

La primera moneda digital descentralizada en el mundo, Bitcoin, ha demostrado ser una alternativa competitiva a las instituciones financieras establecidas. Un número creciente de personas y empresas buscan realizar transacciones utilizando Bitcoin como resultado de su creciente popularidad. Con el fin de comprender mejor el dónde, cuándo y cómo utilizar Bitcoin para transacciones, esta sección proporcionará detalles sobre las plataformas, empresas y procedimientos involucrados.

El valor se transfiere de una dirección de Bitcoin a otra durante una transacción de Bitcoin. La cadena de bloques, un libro de contabilidad público descentralizado que garantiza transparencia e inmutabilidad, contiene registros de estas transacciones. En cada transacción hay insumos (fuentes de financiamiento) y salidas (destinatarios de fondos). Para comprender completamente las complejidades de utilizar Bitcoin para transacciones, es esencial comprender la estructura de las transacciones de Bitcoin.

Las personas necesitan una billetera digital que les permita enviar y recibir Bitcoin para poder utilizar Bitcoin en transacciones. Las billeteras crean direcciones de Bitcoin únicas que sirven como lugares para enviar y recibir fondos. Cada dirección está compuesta por una clave privada (utilizada para firmar transacciones) y una clave pública (dirección), que juntas forman un par de claves criptográficas. Billeteras de hardware, billeteras de software y billeteras basadas en la web son solo algunos de los varios tipos de billeteras disponibles.

Cada vez más minoristas en línea aceptan Bitcoin como forma de pago. Las empresas pueden recibir Bitcoin a través de integraciones y complementos de plataformas de comercio electrónico como Shopify y WooCommerce. Los clientes también pueden utilizar Bitcoin para realizar compras en línea en comercios de renombre como Microsoft, Overstock y Newegg. Procesadores de pagos como BitPay y CoinGate ayudan a los comerciantes a aceptar pagos con Bitcoin y, si es necesario, convertir Bitcoin en monedas convencionales.

¡Aunque todavía es poco común, varias tiendas físicas y empresas ahora aceptan Bitcoin como forma de pago! Restaurantes, cafeterías, bares y tiendas minoristas pueden promocionar códigos QR de pago con Bitcoin o aceptar pagos mediante terminales de pago dedicadas. Directorios que respaldan Bitcoin, como Coinmap y Airbitz, ofrecen mapas y listados de negocios físicos que aceptan Bitcoin.

Comprar tarjetas de regalo o vales con Bitcoin es otra opción para realizar transacciones con él. Una variedad de tarjetas de regalo de minoristas conocidos están disponibles en sitios web como eGifter y Gyft, lo que permite a los usuarios comprar indirectamente productos y servicios de esas tiendas utilizando Bitcoin. Cuando se realiza una transacción, estas plataformas actúan como intermediarios, transformando Bitcoin en tarjetas de regalo.

Antes de utilizar Bitcoin para transacciones, las personas deben crear primero una billetera digital. Esto implica seleccionar un tipo de billetera (hardware, software o basada en la web), crear una cuenta siguiendo las instrucciones del proveedor de la billetera y asegurar la(s) clave(s) privada(s) creada(s). La interfaz fácil de usar que suelen ofrecer las billeteras permite a los usuarios supervisar sus saldos de Bitcoin, crear direcciones y comenzar transacciones.

Para completar una transacción de Bitcoin, el remitente necesita la dirección de Bitcoin del destinatario. El destinatario puede enviar un código QR o un grupo de caracteres alfanuméricos como su dirección de Bitcoin. El remitente ingresa la dirección del destinatario y la cantidad de Bitcoin solicitada en la interfaz de transacción de su billetera. A continuación, el software de la billetera crea una transacción, la firma digitalmente con la clave privada del remitente y la transmite a la red de Bitcoin.

Una transacción se transmite y luego ingresa al mempool de la red de Bitcoin para esperar confirmación. Los mineros, que protegen la red al resolver desafiantes rompecabezas matemáticos, añaden la transacción a un bloque. La transacción se considera completa una vez que ha sido verificada e incluida en un bloque. Dependiendo de la congestión de la red, los tiempos de confirmación varían; a menudo, precios más altos conducen a una confirmación más rápida.

Las tarifas de transacción son un componente común de las transacciones de Bitcoin, lo que motiva a los mineros a incluir rápidamente la transacción en un bloque. Dependiendo de la congestión de la red y la velocidad deseada de la transacción, las tarifas de transacción pueden variar. Los usuarios suelen poder seleccionar el nivel de tarifa en las billeteras digitales según sus preferencias.

La volatilidad del precio de Bitcoin dificulta su uso como medio de intercambio. Al realizar transacciones con Bitcoin, tanto los clientes como los comerciantes deben ser cautelosos con las fluctuaciones en las tasas de cambio. Para abordar este problema, los procesadores de pago y las billeteras suelen ofrecer tasas de conversión en tiempo real.

Al usar Bitcoin para transacciones, la seguridad y la privacidad deben ser prioritarias. Los usuarios deben seguir prácticas recomendadas, como proteger sus claves privadas, utilizar billeteras con altos niveles de seguridad y estar atentos a estafas de phishing y software malicioso. Además, dado que la información de la transacción es visible en la cadena de bloques pública, la naturaleza seudónima de Bitcoin plantea problemas de privacidad.

Diferentes jurisdicciones tienen entornos regulatorios distintos que rigen las transacciones de Bitcoin. Para garantizar el cumplimiento, los usuarios deben familiarizarse con las leyes y normativas pertinentes, especialmente aquellas relacionadas con la tributación, la transmisión de dinero y los procedimientos contra el lavado de dinero.

Con su capacidad para facilitar transacciones sin fronteras, seguras y descentralizadas, Bitcoin se ha convertido en una fuerza disruptiva en la industria financiera. Las personas pueden aprovechar las ventajas de esta moneda digital al comprender los fundamentos de las transacciones de Bitcoin, identificar dónde se acepta Bitcoin y seguir los procedimientos necesarios para utilizarlo en transacciones. A pesar de las dificultades y preocupaciones, la consolidación de Bitcoin como un método de pago práctico está siendo impulsada por la continua adopción e innovación en la comunidad de Bitcoin.

CAPÍTULO VI

Comercio e Inversión en Bitcoin

Bitcoin como inversión: Pros y contras

La primera criptomoneda descentralizada en el mundo, Bitcoin, ha despertado mucho interés como una inversión potencial. Ha atraído a individuos e instituciones en busca de oportunidades de diversificación y expansión debido a sus cualidades distintivas, que incluyen una oferta limitada, descentralización y la posibilidad de rendimientos significativos. El objetivo de esta sección es examinar los pros y contras de Bitcoin como inversión, destacando tanto sus beneficios como sus desventajas.

Blockchain, una red descentralizada que respalda a Bitcoin, registra de manera segura y abierta cada transacción. Bitcoin es un activo digital que puede ser comprado, poseído y posiblemente vendido con fines de lucro como inversión. Es una opción de inversión única debido a su escasez, naturaleza divisible y fungibilidad.

La historia de precios de Bitcoin ha sido caracterizada por períodos de notable volatilidad y aumento de precios, así como por pérdidas drásticas desde su introducción, lo que lo convierte en una historia de precios atractiva pero riesgosa. Bitcoin ha experimentado tanto un rápido crecimiento como una inversión arriesgada. Para evaluar el potencial de Bitcoin como activo de inversión, es esencial comprender su desempeño histórico.

La posibilidad de obtener rendimientos significativos es una de las principales razones por las que las personas invierten en Bitcoin. Debido a su naturaleza volátil, el precio de Bitcoin ha aumentado considerablemente con el tiempo, ofreciendo el potencial de grandes recompensas tanto para los primeros adoptantes como para los tenedores a largo plazo.

Debido a la baja correlación de Bitcoin con clases de activos convencionales como acciones y bonos, es posible lograr la diversificación. Cuando los mercados tradicionales están en declive, incluir Bitcoin en una cartera de inversiones podría ayudar a reducir el riesgo total de la cartera y posiblemente aumentar los rendimientos.

Gracias a la estructura descentralizada de Bitcoin, los inversores pueden acceder fácilmente al mercado. La inversión en Bitcoin está abierta a cualquier persona con conexión a Internet y una billetera digital. Además, Bitcoin funciona en todo el mundo, brindando a los inversores acceso a un mercado amplio y líquido que está abierto las 24 horas del día, los 7 días de la semana.

Bitcoin es una protección deseable contra la inflación y la volatilidad económica debido a su cantidad limitada y su estructura descentralizada. Algunos inversores consideran a Bitcoin como una reserva de valor que podría mantener su poder adquisitivo a lo largo del tiempo cuando los gobiernos y los bancos centrales implementan políticas monetarias expansivas.

Para los inversores, la volatilidad de Bitcoin es una preocupación importante. Las oscilaciones de precios pueden ser significativas y rápidas, lo que podría resultar en pérdidas para aquellos que no estén preparados o no gestionen bien el riesgo. La alta volatilidad podría potencialmente disuadir la inversión institucional y la adopción generalizada.

El entorno regulatorio en el que funciona Bitcoin aún está en desarrollo. Los inversores pueden estar en riesgo debido a la incertidumbre en torno a las normas gubernamentales, impuestos y marcos legales. El valor y la aplicabilidad de Bitcoin como activo de inversión pueden verse afectados por cambios en las regulaciones o acciones desfavorables del gobierno.

La demanda del mercado es lo que determina en última instancia el valor de bitcoin. Bitcoin carece de valor intrínseco derivado de activos subyacentes o flujos de efectivo, a diferencia de inversiones convencionales como acciones o bienes raíces. Debido a la influencia significativa de las emociones y la aceptación del mercado en su valor, es propenso a burbujas especulativas y cambios inesperados en el precio.

La seguridad de las inversiones en Bitcoin está en peligro. Dado que Bitcoin se almacena de forma digital, siempre existe la posibilidad de que sea robado, hackeado o utilizado en un fraude. Los inversores deben dar alta prioridad a medidas de seguridad efectivas, como el uso de billeteras confiables, la autenticación de dos factores y estar atentos a estafas de phishing y otros esquemas fraudulentos.

Los inversores que estén considerando Bitcoin deben investigar y actuar con precaución. Es esencial familiarizarse con la tecnología de Bitcoin, la dinámica del mercado y los riesgos potenciales antes de invertir dinero en esta clase de activos. Tomar decisiones de inversión acertadas implica mantenerse al tanto de las tendencias del mercado, los cambios legislativos y las noticias de la industria.

Los inversores deben considerar cuidadosamente su tolerancia al riesgo y dedicar solo una fracción de su cartera a Bitcoin debido a su volatilidad. La inversión en un solo activo, como Bitcoin, conlleva ciertos riesgos que pueden reducirse mediante la diversificación en diversas clases de activos.

Es necesario tener una perspectiva a largo plazo al invertir en bitcoin. Las posibles ventajas a largo plazo de mantener Bitcoin como un activo de inversión no deben verse opacadas por la volatilidad a corto plazo y el sentimiento del mercado. Invertir con paciencia y disciplina puede ayudarte a atravesar la volatilidad de este mercado.

El desarrollo de Bitcoin como forma de inversión ha generado tanto emoción como escepticismo. Bitcoin es una inversión atractiva debido a su potencial para altos rendimientos, beneficios de diversificación, accesibilidad y cobertura contra la inflación. Sin embargo, dada su volatilidad, problemas regulatorios, falta de valor intrínseco y preocupaciones de seguridad, es importante ejercer precaución al tomar decisiones y gestionar riesgos. Al considerar

Bitcoin como parte de su estrategia de inversión, los inversores deben evaluar los beneficios y desventajas, realizar una investigación exhaustiva y aplicar precaución, al igual que con cualquier otra inversión.

Negociación de Bitcoin: Operaciones al contado, futuros, opciones

La criptomoneda pionera, Bitcoin, se ha convertido en un activo de negociación muy popular. Su extrema volatilidad, liquidez y posibilidad de rendimientos significativos atraen a traders de todo el mundo. El objetivo de esta sección es examinar las diversas estrategias de negociación de Bitcoin, con un énfasis particular en las operaciones al contado, los contratos de futuros y los contratos de opciones. Comprender estos instrumentos de negociación permite a los traders navegar por el mercado de Bitcoin y tomar decisiones basadas en sus objetivos comerciales.

El comercio de Bitcoin implica comprar y vender la moneda digital con la intención de obtener ganancias a partir de las fluctuaciones de precios. El objetivo de los traders es prever el movimiento del precio de Bitcoin y realizar operaciones en esa dirección. Dado que el comercio de Bitcoin está disponible las 24 horas del día, los 7 días de la semana, a diferencia de los mercados financieros tradicionales, los traders pueden obtener beneficios de los cambios de precios en cualquier momento que ocurran.

En el mercado de Bitcoin participan diversos actores, como traders minoristas, inversores institucionales, fondos de cobertura y empresas de trading algorítmico. La accesibilidad y liquidez del mercado atraen a una amplia variedad de traders, lo que contribuye a crear un ecosistema de trading próspero.

La compra o venta inmediata de Bitcoin se conoce como trading al contado, y la liquidación tiene lugar "en el acto". En el trading al contado, los participantes adquieren la propiedad del activo digital comprando o vendiendo Bitcoin real. El método más simple y frecuente de negociar Bitcoin es a través de los mercados al contado, que incluyen el intercambio de Bitcoin por dinero fiat u otras criptomonedas.

La mayoría del trading al contado tiene lugar en intercambios de bitcoin. Estas plataformas ofrecen un área de mercado donde los vendedores y compradores pueden enviar órdenes y completar transacciones. Algunos intercambios al contado conocidos incluyen Coinbase, Binance, Kraken y Bitstamp. Para satisfacer las demandas de diversos traders, los intercambios al contado ofrecen una variedad de características, como tipos de órdenes, pares de trading y niveles de liquidez.

Métodos de trading como el day trading, swing trading y la retención a largo plazo son todos posibles con el trading al contado. Para encontrar posiciones de entrada y salida probables, los traders pueden utilizar herramientas de análisis técnico como gráficos de precios, indicadores y líneas de tendencia. Las estrategias de trading al contado también pueden verse influenciadas por la investigación fundamental, que implica evaluar noticias, sentimiento del mercado y cambios regulatorios.

Los contratos de futuros para Bitcoins son productos derivados que permiten a los traders realizar apuestas sobre el precio de la moneda digital en el futuro. Los contratos de futuros son un compromiso de comprar o vender Bitcoin a un precio y momento específicos en el futuro. El trading de futuros de Bitcoin permite a los inversores obtener ganancias tanto con el aumento como con la disminución de los valores de Bitcoin al tomar posiciones largas (compra) y cortas (venta).

El trading de futuros de bitcoin se lleva a cabo en plataformas especializadas como el Chicago Mercantile Exchange (CME) y el Intercontinental Exchange (ICE). La negociación de contratos de futuros de Bitcoin se realiza en un entorno controlado en estos intercambios. Para acceder a estos mercados, los traders deben crear primero una cuenta con un bróker de futuros.

La disponibilidad de apalancamiento, que permite a los traders mantener una posición más grande con una cantidad menor de fondos, es una de las características principales del trading de futuros de Bitcoin. El apalancamiento aumenta la probabilidad tanto de ganancias como de pérdidas. El trading de futuros de Bitcoin suele utilizar con frecuencia el trading con margen, que consiste en tomar prestado dinero para abrir posiciones de futuros. Sin embargo, debido al riesgo elevado asociado con el apalancamiento y el trading con margen, los traders deben proceder con precaución.

Los contratos de futuros sobre Bitcoin se pueden utilizar para gestionar el riesgo. Los coberturistas pueden emplear contratos de futuros para protegerse contra la volatilidad de precios, resguardando sus operaciones de cambios desfavorables en el precio, como es el caso de mineros de Bitcoin o empresas que aceptan pagos en Bitcoin.

Contratos de opciones de Bitcoin ofrecen a los inversionistas la opción, pero no la obligación, de comprar o vender Bitcoin a un precio predeterminado (precio de ejercicio) dentro de un marco de tiempo predeterminado (fecha de vencimiento). Las opciones permiten a los traders ser flexibles en sus estrategias comerciales al permitirles predecir cambios en el precio o defender posiciones actuales.

La negociación de opciones de bitcoin se realiza en bolsas especializadas de opciones como Deribit y LedgerX. Estas plataformas brindan a los traders acceso a un mercado donde pueden comprar y vender contratos de opciones. Al igual que en el comercio de futuros, es necesario abrir una cuenta con un bróker de opciones para que los traders puedan acceder a estos mercados.

Comprar opciones de compra (apostando a un aumento de precio), comprar opciones de venta (apostando a una disminución de precio) y vender opciones (generando ingresos mediante la recolección de primas) son solo algunas de las estrategias que los traders pueden usar al negociar opciones de Bitcoin. Al emplear métodos de opciones, los traders deben tener en cuenta cuidadosamente su tolerancia al riesgo, horizonte temporal y pronóstico de mercado.

La alta volatilidad de Bitcoin presenta tanto oportunidades como riesgos para los inversores. Cambios rápidos en el precio pueden resultar en ganancias o pérdidas sustanciales. Los riesgos involucrados en operar en un mercado volátil deben ser gestionados y minimizados por los traders.

El cumplimiento de regulaciones puede ser necesario al operar con futuros y opciones de Bitcoin. Para evitar problemas legales, los traders deben asegurarse de estar al tanto y seguir toda la legislación aplicable en su área.

Para proteger sus fondos y reducir posibles pérdidas, los traders deben crear planes sólidos de gestión de riesgos. Una gestión de riesgos efectiva requiere una evaluación precisa del riesgo, determinación del tamaño de la posición y la implementación de órdenes de stop-loss. El éxito en el trading también requiere educación continua y estar al tanto de los desarrollos del mercado.

Existen diversas oportunidades en el trading de Bitcoin para que los traders obtengan beneficios a partir de los cambios de precio en el mercado de criptomonedas. La propiedad directa de Bitcoin se puede obtener a través del trading al contado en exchanges de criptomonedas, pero el trading de futuros y opciones proporciona instrumentos derivados para especular y gestionar riesgos. Antes de iniciar una estrategia de trading de Bitcoin, los traders deben analizar cuidadosamente sus objetivos comerciales, tolerancia al riesgo y conocimientos del mercado. Cada estrategia de trading tiene sus propios beneficios y consideraciones. Los traders pueden navegar por el mercado de Bitcoin con más confianza y tomar decisiones comerciales sabias al conocer los detalles del trading al contado, contratos de futuros y contratos de opciones.

Estrategias para invertir en Bitcoin: HODL, trading, promedio de costo en dólares

La criptomoneda más popular del mundo, Bitcoin, se ha convertido en una opción de inversión deseable para aquellos que buscan diversificar sus carteras y beneficiarse de su crecimiento futuro. Sin embargo, es necesario sopesar cuidadosamente diversas estrategias antes de invertir en Bitcoin. Esta sección examina tres métodos populares para adquirir Bitcoin: el trading, el promedio de costo en dólares y el HODLing (conservación a largo plazo). Los inversores pueden tomar decisiones informadas que estén alineadas con sus objetivos de inversión y tolerancia al riesgo al conocer estas técnicas.

La estrategia HODL se basa en la idea de mantener Bitcoin durante un período prolongado con la expectativa de que su valor aumentará con el tiempo. Los HODLers posponen la tentación de vender durante las breves fluctuaciones del mercado, centrándose en el potencial a largo plazo de Bitcoin.

La estrategia HODL se motiva por la convicción de que la oferta de Bitcoin es finita y que su precio aumentará en el futuro. El objetivo de los HODLers es aprovechar posibles y sustanciales rendimientos a largo plazo al mantener Bitcoin durante mucho tiempo. La idea de que Bitcoin seguirá apreciándose en valor con el tiempo es la base de esta estrategia.

HODLing sí conlleva ciertos riesgos. Debido a la volatilidad de Bitcoin, existe el riesgo de pérdidas para los HODLers que no gestionan cuidadosamente sus activos durante fluctuaciones significativas de precios. El HODLing exitoso requiere control emocional, pensamiento a largo plazo y la capacidad de resistir las caídas del mercado.

El trading de Bitcoin implica comprar y vender agresivamente la moneda digital con el fin de beneficiarse de rápidos cambios de precio. Para determinar oportunidades probables de entrada y salida para sus transacciones, los traders examinan tendencias del mercado, indicadores técnicos y otros elementos.

Las estrategias de trading vienen en diversas formas, como el scalping, el swing trading y el day trading. Los day traders realizan numerosas operaciones en un solo día para aprovechar pequeñas fluctuaciones de precios. Los swing traders intentan obtener beneficios de oscilaciones de precios a medio plazo al mantener posiciones durante varios días hasta semanas. Los scalpers ganan dinero a partir de pequeñas diferencias de precios al realizar muchas operaciones rápidas.

El trading de Bitcoin implica habilidades en el análisis técnico, una gestión de riesgos precisa y una monitorización constante del mercado. El riesgo debe ser gestionado cuidadosamente, se deben desarrollar técnicas de trading, y los traders deben estar preparados para aceptar posibles pérdidas. El trading exitoso requiere control emocional, aprendizaje continuo y adaptación a las condiciones del mercado.

Independientemente del precio de Bitcoin, un inversor utiliza la técnica de inversión de Costo Promedio en Dólares (DCA, por sus siglas en inglés) para comprar de manera constante una cantidad establecida de la criptomoneda a lo largo del tiempo. Los inversores pueden comprar más Bitcoin cuando los precios son bajos y menos cuando los precios son altos al invertir regularmente una cantidad fija.

Con DCA, ya no es necesario cronometrar el mercado y hay menos riesgo asociado con realizar inversiones sustanciales a precios desfavorables. Al permitirles promediar su precio de compra a lo largo del tiempo, los inversores pueden potencialmente reducir los efectos de la volatilidad a corto plazo del mercado. Utilizando una estrategia disciplinada como DCA, los inversores pueden participar en el crecimiento a largo plazo de Bitcoin.

El tamaño de la inversión, la frecuencia de las compras y la duración del período de inversión son aspectos que DCA tiene en cuenta. En ciertas formas de DCA, el monto de la inversión se incrementa durante las caídas del mercado, o la estrategia se modifica en respuesta a las condiciones del mercado.

Al decidir sobre una estrategia de inversión en Bitcoin, los inversores deben tener en cuenta su horizonte temporal, objetivos de inversión y tolerancia al riesgo. HODLing es apropiado para inversores a largo plazo que pueden manejar la volatilidad del mercado, mientras que el trading requiere participación activa y habilidades de gestión de riesgos. Para los inversores que buscan exposición a largo plazo a Bitcoin, el DCA es una técnica más pasiva.

Deberían implementarse procedimientos específicos de gestión de riesgos para la estrategia seleccionada. Esto implica establecer objetivos de inversión sensatos, diversificar las tenencias de inversión y utilizar órdenes de stop-loss durante el trading. Una gestión de riesgos efectiva requiere revisiones regulares de la cartera, educación continua y estar al tanto de los desarrollos del mercado.

Las implicaciones legales y regulatorias de invertir en Bitcoin, como la tributación, los requisitos de informes y el cumplimiento de las normativas locales, también deben ser tenidas en cuenta por los inversores. Para garantizar el cumplimiento y prevenir problemas legales, es esencial comprender el sistema legal en la jurisdicción correspondiente.

Invertir en Bitcoin presenta posibilidades de crecimiento y diversificación. HODLing, trading y el promedio de costo en dólares son tres técnicas diferentes que pueden ser utilizadas según la tolerancia al riesgo y las preferencias del inversor. A diferencia del trading, que busca obtener beneficios de las fluctuaciones de precios a corto plazo, DCA ofrece un enfoque disciplinado para acumular Bitcoin gradualmente. Cada técnica tiene beneficios únicos, dificultades y consideraciones de gestión de riesgos. Los inversores pueden navegar por el mercado de Bitcoin y tomar decisiones de inversión sabias al analizar cuidadosamente estas estrategias y alinearlas con sus objetivos de inversión.

CAPÍTULO VII

Gestión de riesgos
en la inversión en Bitcoin

Comprender la volatilidad y los riesgos del mercado

Debido a su potencial de altos rendimientos, Bitcoin, la primera criptomoneda, ha atraído mucha atención como instrumento de inversión. Sin embargo, los inversores deben comprender y evaluar adecuadamente los riesgos del mercado y la volatilidad de Bitcoin. El objetivo de esta sección es proporcionar a los lectores una comprensión completa del riesgo del mercado y la volatilidad al invertir en Bitcoin. Los inversores pueden tomar decisiones informadas y gestionar con éxito los riesgos relacionados con la inversión en Bitcoin al estar conscientes de estos aspectos.

Cambios de precio rápidos y significativos en el mercado de criptomonedas definen la volatilidad de Bitcoin. La volatilidad de Bitcoin está influenciada por varias variables, incluyendo la demanda y el sentimiento del mercado, cambios legislativos, consideraciones macroeconómicas, mejoras tecnológicas, atención mediática y el sentimiento general de los participantes del mercado. Es esencial comprender la volatilidad de Bitcoin históricamente para evaluar los posibles riesgos y beneficios de invertir en la criptomoneda.

Desde su lanzamiento, el precio de Bitcoin ha fluctuado notablemente. Los datos históricos muestran momentos de correcciones abruptas en el precio después de aumentos rápidos. Para los inversionistas, estos cambios de precio presentan tanto posibilidades como riesgos. Por lo tanto, para una inversión efectiva en Bitcoin, conocer y controlar la volatilidad son cruciales.

Los inversionistas deben estar conscientes de los numerosos riesgos de mercado asociados con invertir en Bitcoin. La liquidez del mercado y el impacto en el precio, preocupaciones de seguridad, riesgos tecnológicos, manipulación del mercado y fraude se encuentran entre estos peligros. También incluyen riesgos regulatorios y legales.

El panorama regulatorio en torno a Bitcoin está cambiando, lo que plantea riesgos en los sectores regulatorio y legal. Cambios en la regulación o interferencia gubernamental pueden tener un efecto en el precio y uso de Bitcoin. Para garantizar el cumplimiento y evitar posibles problemas legales, los inversionistas deben mantenerse actualizados sobre los requisitos legales y regulatorios en sus respectivas jurisdicciones.

La inversión en Bitcoin es difícil debido a la liquidez del mercado y el impacto en el precio. El mercado puede volverse ilíquido durante períodos de extrema volatilidad, lo que puede provocar oscilaciones de precios exageradas y dificultar la ejecución de operaciones a los precios deseados. Grandes órdenes de compra o venta pueden afectar significativamente el precio de Bitcoin, aumentando el deslizamiento y causando posibles pérdidas para los inversionistas.

Comprar Bitcoin conlleva riesgos de seguridad inherentes. Las criptomonedas son propensas a intentos de pirateo, robos y estafas debido a su estructura descentralizada. Los inversionistas deben dar alta prioridad a medidas de seguridad efectivas, que incluyen el uso de billeteras confiables, la autenticación de dos factores y estar alerta ante intentos de phishing y otros esquemas fraudulentos.

La tecnología que respalda a Bitcoin, conocida como blockchain, conlleva ciertos riesgos tecnológicos. La confiabilidad y eficiencia de la red Bitcoin pueden verse afectadas por defectos en el software, congestión de la red y problemas de escalabilidad. Para reducir los riesgos asociados, los inversionistas deben estar informados sobre los avances tecnológicos, los posibles riesgos y las actualizaciones.

Riesgos de mercado únicos en el mercado de criptomonedas incluyen fraude y manipulación del mercado. Debido a su estructura descentralizada y bajo nivel de regulación, Bitcoin es susceptible al fraude y la manipulación del mercado. Para evitar esquemas fraudulentos, los inversionistas deben realizar una diligencia debida, llevar a cabo investigaciones exhaustivas e interactuar con plataformas de confianza.

Los inversionistas pueden emplear una variedad de medidas de gestión de riesgos para manejar la volatilidad y los peligros del mercado asociados con las inversiones en Bitcoin.

Una técnica conocida de gestión de riesgos es la diversificación. Los inversionistas pueden disminuir la posible influencia de la volatilidad de Bitcoin en el rendimiento general de sus inversiones al distribuir sus activos en otras clases de activos. Las inversiones en activos más establecidos como acciones, bonos y bienes raíces pueden ayudar a reducir los riesgos derivados de la volatilidad del mercado de Bitcoin.

La gestión de riesgos depende críticamente de la asignación de activos y la tolerancia al riesgo. Los inversionistas deben considerar cuidadosamente su tolerancia al riesgo y objetivos de inversión al asignar fondos a Bitcoin. Establecer metas de asignación de activos adecuadas de acuerdo con el nivel de tolerancia al riesgo podría ayudar a equilibrar los posibles beneficios y riesgos de invertir en Bitcoins en toda la cartera.

Antes de realizar una inversión en Bitcoin, el análisis de riesgos y la debida investigación son cruciales. Los inversionistas deben realizar un estudio exhaustivo, evaluar los riesgos y recompensas, y mantenerse al tanto de las tendencias del mercado, cambios legislativos y avances tecnológicos. Los inversionistas pueden tomar decisiones sabias y gestionar eficientemente sus inversiones al evaluar los posibles riesgos.

En mercados volátiles, las pérdidas potenciales pueden ser limitadas mediante métodos de mitigación de riesgos como las órdenes de stop-loss. Una orden de stop-loss es una instrucción para vender automáticamente Bitcoin si su precio cae por debajo de un umbral específico. Durante las caídas del mercado, esta técnica ayuda a evitar que los inversores sufran pérdidas severas

La educación continua y la conciencia son esenciales para gestionar de manera efectiva los riesgos del mercado y la volatilidad al invertir en Bitcoin.

Para estar informados sobre las cambiantes dinámicas del mercado de Bitcoin, los inversionistas deben buscar el aprendizaje continuo. Comprender el análisis técnico, las tendencias del mercado, el análisis fundamental y las técnicas de gestión de riesgos entran en esta categoría. Con la ayuda de la educación, los inversionistas pueden reducir riesgos, adaptarse a las condiciones cambiantes del mercado y tomar decisiones informadas.

Evaluar los riesgos y posibilidades potenciales en el negocio de Bitcoin requiere estar al tanto de las noticias del mercado, las tendencias de la industria, los desarrollos legislativos y los avances tecnológicos. Para mantenerse informados, los inversionistas deben suscribirse a fuentes de noticias confiables, participar en foros pertinentes e interactuar con la comunidad más amplia de criptomonedas.

Los inversionistas que consideran una inversión en Bitcoin deben tener un entendimiento completo de los riesgos del mercado y la volatilidad. Los inversionistas deben sopesar cuidadosamente los riesgos y ventajas de esta clase de activos para comprender por qué Bitcoin es tan volátil. Los riesgos del mercado, como los relacionados con regulaciones y leyes, liquidez, seguridad, tecnología y manipulación del mercado, requieren una gestión de riesgos cuidadosa.

La diversificación, la asignación de activos, la evaluación de riesgos y el uso de herramientas de mitigación de riesgos son algunos ejemplos de técnicas de gestión de riesgos que los inversionistas pueden emplear. El éxito en la gestión de riesgos depende del aprendizaje continuo y de mantenerse al día con el mercado de Bitcoin. Los inversionistas pueden navegar el volátil mercado de Bitcoin y gestionar con éxito los riesgos relacionados con sus inversiones al adoptar un enfoque cauteloso y conocedor.

Estrategias de gestión de riesgos: Diversificación, stop losses, etc.

Un entendimiento profundo de las técnicas de gestión de riesgos es necesario para invertir en los mercados financieros, especialmente en el volátil mercado de Bitcoin. Las principales técnicas de gestión de riesgos discutidas en esta sección son la diversificación, las órdenes de stop, el tamaño de posición, la cobertura y la diligencia debida exhaustiva. Los inversionistas pueden reducir exitosamente posibles pérdidas y aumentar su éxito general en el mercado de Bitcoin poniendo en práctica estas estrategias.

Asignar inversiones entre una variedad de clases de activos es un método fundamental de gestión de riesgos llamado diversificación. Los inversionistas pueden distribuir su riesgo en una variedad de activos y limitar su exposición a cualquier inversión individual, como Bitcoin, diversificando sus carteras. Este enfoque disminuye los posibles efectos de un mal rendimiento de una inversión única en la cartera en su conjunto y ayuda a protegerse contra la volatilidad del mercado. Los inversionistas pueden construir una cartera de inversiones más completa y resistente mediante la diversificación.

Con el uso de las órdenes de stop, los inversionistas pueden establecer puntos de salida fijos para sus inversiones, lo cual es una herramienta crucial de gestión de riesgos. Con una orden de stop loss, se le indica al corredor que venda un activo si el precio cae por debajo de un nivel específico. Los inversionistas pueden reducir sus posibles pérdidas y proteger sus fondos en caso de cambios desfavorables en el precio al establecer órdenes de stop. Las órdenes de stop aseguran que los inversionistas salgan de sus posiciones cuando sea necesario para reducir pérdidas, ayudando a aplicar disciplina y eliminar la toma de decisiones emocional.

El dimensionamiento de la posición es el proceso de asignar dinero a inversiones específicas. Los inversionistas pueden elegir el tamaño adecuado de sus participaciones en numerosos activos, incluido Bitcoin, evaluando cuidadosamente su tolerancia al riesgo y objetivos de inversión. Gracias al dimensionamiento adecuado de la posición, un inversor no está expuesto a una cantidad excesiva de riesgo a través de ninguna inversión individual. Los inversionistas pueden mantener una cartera equilibrada y disminuir el impacto potencial de cualquier inversión individual en su riqueza general al minimizar su exposición al riesgo mediante el dimensionamiento de la posición.

Una técnica de gestión de riesgos llamada "cobertura" consiste en mantener posiciones para contrarrestar posibles pérdidas en otras inversiones. Los inversionistas pueden cubrir sus posiciones en el mercado de Bitcoin empleando diversas estrategias. Por ejemplo, podrían utilizar opciones o contratos de futuros para protegerse contra posibles caídas de precios. Los inversionistas pueden reducir su exposición al riesgo a la baja y al mismo tiempo preservar la cantidad deseada de participación en el potencial al alza de sus activos mediante el uso de estrategias de cobertura. La cobertura funciona como una especie de seguro, protegiendo a los inversionistas de cambios desfavorables en el mercado.

Cualquier esfuerzo de inversión debe implementar una diligencia debida exhaustiva como estrategia clave de gestión de riesgos, y comprar Bitcoin no es diferente. Antes de elegir una inversión, los inversionistas deben realizar un estudio y análisis extensos. Esto implica analizar los fundamentos de Bitcoin, comprender la tecnología subyacente, entender los movimientos del mercado y mantenerse al tanto de los cambios legislativos. La diligencia debida efectiva ayuda a los inversionistas a seleccionar activos, identificar riesgos potenciales y evitar aquellos riesgosos o deshonestos.

Un componente clave de la gestión de riesgos es evaluar la relación riesgo-recompensa. Antes de invertir dinero, los inversionistas deben sopesar cuidadosamente los riesgos y recompensas que podrían resultar. Los riesgos son frecuentemente mayores para inversiones con mayores posibles rendimientos. Los inversionistas deben establecer un equilibrio entre las ganancias potenciales y la cantidad de riesgo que están dispuestos a asumir. Los inversionistas pueden tomar decisiones alineadas con sus objetivos de inversión y tolerancia al riesgo al completar un análisis exhaustivo de riesgo-recompensa.

La monitorización continua y las revisiones periódicas de la cartera son necesarias para el proceso continuo de gestión de riesgos. Los inversionistas deben revisar periódicamente el rendimiento de sus inversiones, analizar el estado del mercado y ajustar sus carteras según sea necesario. Al mantener una estrecha vigilancia sobre sus inversiones, los inversionistas pueden identificar posibles riesgos, capturar oportunidades y ajustar sus métodos de gestión de riesgos a las cambiantes condiciones del mercado. La estrategia de inversión se mantiene alineada con los objetivos del inversionista y su tolerancia al riesgo mediante evaluaciones rutinarias de la cartera.

Para invertir con éxito en el mercado de criptomonedas, incluido Bitcoin, es necesario poner en práctica medidas adecuadas de gestión de riesgos. Métodos importantes de gestión de riesgos incluyen la diversificación, las órdenes de stop, el dimensionamiento de posición, la cobertura, la diligencia debida exhaustiva, el análisis riesgo-recompensa y la monitorización continua. Los inversionistas pueden reducir posibles pérdidas, proteger sus fondos y aumentar sus perspectivas de éxito a largo plazo en el mercado de criptomonedas al combinar estas estrategias y personalizarlas según los perfiles de riesgo individuales y los objetivos de inversión. Los inversionistas pueden lidiar con la naturaleza volátil de la inversión en Bitcoin con mayor confianza y lograr sus metas financieras si tienen una estrategia de gestión de riesgos completa en su lugar.

Riesgos regulatorios: Visión global

El panorama regulatorio en el cual opera la industria de criptomonedas, incluido Bitcoin, es complejo y varía entre países. Los inversionistas deben estar conscientes de los riesgos regulatorios relacionados con Bitcoin, ya que los gobiernos y las agencias regulatorias luchan por hacer frente a la aparición de las criptomonedas. Esta sección ofrece un análisis detallado de los problemas regulatorios a nivel mundial en la industria de criptomonedas, examinando las diversas posturas adoptadas por diferentes naciones y sus posibles efectos en los inversionistas de Bitcoin.

Las diversas aproximaciones y niveles de aceptación entre las naciones definen el panorama regulatorio para las criptomonedas.

Múltiples agencias en naciones desarrolladas como los Estados Unidos se encargan de la supervisión regulatoria. Las ofertas de valores, el comercio de derivados y la tributación relacionada con las criptomonedas están fuertemente regulados por la Comisión de Valores y Bolsa (SEC), la Comisión de Comercio de Futuros de Productos Básicos (CFTC) y el Servicio de Impuestos Internos (IRS).

La Quinta Directiva contra el Blanqueo de Dinero (AMLD5) ha entrado en vigor en la Unión Europea (UE) para incluir las criptomonedas en el ámbito de las leyes contra el blanqueo de dinero. Los miembros de la UE también están creando sus propias normas y estándares de licencia para los intercambios de criptomonedas y los proveedores de servicios.

Las ofertas iniciales de monedas (ICOs), los intercambios de criptomonedas y las actividades mineras han sido prohibidos en naciones en desarrollo como China, donde el gobierno ha adoptado una posición firme en contra de las criptomonedas. Sin embargo, también hay un creciente deseo de investigar cómo la tecnología de cadena de bloques podría ser utilizada en diferentes industrias.

India ha adoptado una postura cautelosa; inicialmente, el Banco de la Reserva de India (RBI) prohibió a los bancos hacer negocios con entidades relacionadas con criptomonedas. La prohibición fue levantada finalmente por la Corte Suprema de India, permitiendo tanto a personas privadas como a entidades comerciales comerciar con criptomonedas.

Los inversores en Bitcoin están sujetos a una serie de preocupaciones regulatorias que podrían tener un impacto tanto en sus inversiones como en el mercado más amplio de criptomonedas.

La incertidumbre generada por el cambiante entorno regulatorio de Bitcoin provoca volatilidad en el mercado. El precio de Bitcoin y el sentimiento general del mercado pueden ser fuertemente afectados por acciones regulatorias, anuncios o cambios en la legislación. Para anticipar posibles riesgos y reacciones del mercado, los inversores deben mantenerse actualizados sobre los desarrollos regulatorios.

Con frecuencia, los marcos regulatorios imponen requisitos de cumplimiento e informes a las empresas de Bitcoin y a los intercambios. Los procedimientos de Conozca a su Cliente (KYC), los controles contra el lavado de dinero (AML) y la presentación de informes de transacciones son algunos ejemplos de estas regulaciones. Los gastos y obstáculos administrativos relacionados con el cumplimiento pueden tener un efecto en la forma en que operan las empresas de bitcoin y pueden perjudicar indirectamente a los inversores.

Las regulaciones que imponen prohibiciones comerciales o limitaciones de intercambio en criptomonedas tienen el potencial de reducir la accesibilidad y liquidez de los mercados de Bitcoin. Los inversores en países con regulaciones estrictas pueden enfrentar dificultades al comprar, vender o mantener Bitcoin, lo que puede limitar su capacidad para aprovechar oportunidades de mercado.

Diferentes jurisdicciones tienen leyes fiscales diferentes para las criptomonedas. Los inversores deben comprender las implicaciones fiscales de invertir en Bitcoin, incluyendo impuestos sobre las ganancias de capital, requisitos de informes y posibles auditorías fiscales. No cumplir con los requisitos fiscales puede resultar en multas y problemas legales.

Los inversores en Bitcoin tienen numerosas opciones para navegar por los riesgos regulatorios.

Seguir fuentes de noticias confiables, revistas comerciales y anuncios oficiales de organismos reguladores ayudará a los inversores de Bitcoin a mantenerse actualizados sobre los cambios regulatorios.

Los inversores pueden prever posibles peligros y modificar su estrategia de inversión según sea necesario al estar al tanto de los desarrollos regulatorios.

Antes de invertir en Bitcoin, es esencial realizar una diligencia debida exhaustiva. Los inversores deben elegir intercambios de criptomonedas confiables, estar al tanto de las leyes regulatorias de su jurisdicción y seguir los protocolos KYC y AML. Los inversores pueden reducir su riesgo de problemas legales y proteger su dinero al cumplir con los estándares regulatorios.

La diversificación sigue siendo una estrategia importante de gestión de riesgos. Los inversores en Bitcoin deben considerar diversificar sus tenencias entre varias criptomonedas, activos convencionales y áreas geográficas. Los inversores pueden disminuir el impacto de los riesgos regulatorios en el rendimiento general de su inversión al diversificar sus tenencias.

Participar en esfuerzos de defensa puede ayudar a crear marcos regulatorios beneficiosos. Los inversores en Bitcoin pueden unirse a organizaciones profesionales, participar en debates con responsables de políticas y expresar sus inquietudes y recomendaciones. Los inversores pueden influir en las reglas de una manera que fomente la innovación y al mismo tiempo preservar la protección del inversor al participar activamente en la discusión regulatoria.

El sector de las criptomonedas está lleno de riesgos regulatorios, y los compradores de Bitcoin deben enfrentarse a un entorno legal complejo. Las estrategias de diferentes naciones difieren considerablemente entre sí, generando problemas e incertidumbre. Para reducir los riesgos regulatorios, es esencial tener una comprensión exhaustiva de sus posibles efectos, mantenerse informado, realizar una diligencia debida, garantizar el cumplimiento, diversificar las inversiones y participar en actividades de defensa. Los inversores pueden posicionarse para manejar el cambiante clima regulatorio y aprovechar el potencial a largo plazo de Bitcoin al minimizar activamente los riesgos regulatorios.

CAPÍTULO VIII

Forks y Alternativas de Bitcoin

¿Qué es un fork de Bitcoin? Explicación con ejemplos: Bitcoin Cash, Bitcoin SV

A lo largo de su existencia, la primera criptomoneda, Bitcoin, ha experimentado varios forks. Las bases de estos forks, como Bitcoin Cash (BCH) y Bitcoin SV (BSV), surgieron de la red original de Bitcoin y dieron lugar a la creación de criptomonedas distintas. Con el fin de proporcionar a los lectores un conocimiento completo de los forks de Bitcoin, esta sección abordará su naturaleza, las causas que los provocan y los casos específicos de Bitcoin Cash y Bitcoin SV.

Cuando la cadena de bloques original de Bitcoin se divide en dos cadenas diferentes, se produce un fork, lo que lleva a la formación de una nueva criptomoneda además de la Bitcoin original. Esto ocurre como resultado de una divergencia en la historia de transacciones de la cadena de bloques causada por un cambio en las reglas del protocolo que rige la red de Bitcoin.

Los forks en la red de Bitcoin pueden ser tanto suaves como duros. Un fork suave es una actualización que es compatible con versiones anteriores y agrega nuevas reglas mientras aún trabaja con la cadena de bloques actual. Por otro lado, un fork duro es una actualización que no es compatible con versiones anteriores y requiere que todos los usuarios adopten las nuevas pautas. Esto provoca que la cadena de bloques se divida permanentemente.

La continua controversia sobre la escalabilidad es una de las principales causas de los forks de Bitcoin. Las conversaciones sobre la escalabilidad de la red han sido provocadas por el tamaño de bloque y la capacidad de transacción limitados de Bitcoin. Métodos divergentes para resolver este problema como resultado de puntos de vista variados han dado lugar a forks que intentan producir criptomonedas con una escalabilidad mejorada.

Desacuerdos sobre la gobernanza original de la red de Bitcoin o las actualizaciones del protocolo pueden llevar potencialmente a forks en la criptomoneda. Perspectivas diferentes sobre los tamaños de bloque del protocolo, los costos de transacción, las técnicas de consenso y otros elementos pueden dar lugar al desarrollo de criptomonedas distintas con un conjunto diferente de regulaciones.

La red original de Bitcoin experimentó un hard fork en agosto de 2017, dando lugar a la creación de Bitcoin Cash (BCH). Al aumentar el tamaño del bloque de 1 MB a 8 MB, logró aumentar la capacidad de transacción y abordar los problemas de escalabilidad de Bitcoin.

Gracias a su mayor tamaño de bloque, que permite completar más transacciones en cada bloque, Bitcoin Cash se distingue de Bitcoin. En comparación con el Bitcoin original, este mayor tamaño de bloque tiene la intención de ofrecer transacciones más rápidas y económicas. Bitcoin Cash también utiliza un método de ajuste de dificultad separado, lo que lo hace más receptivo a los cambios en la tasa de hash de la red.

Una comunidad comprometida de desarrolladores, mineros y usuarios ha respaldado a Bitcoin Cash. Ahora se acepta ampliamente como forma de pago y se ha incorporado a varios intercambios de criptomonedas. Sin embargo, en cuanto a sus soluciones de escalabilidad y problemas de centralización, también ha generado debates y críticas.

En noviembre de 2018, la cadena de bloques de Bitcoin Cash experimentó un hard fork controvertido, dando lugar a la creación de Bitcoin SV (BSV), o Visión de Satoshi para Bitcoin. El objetivo principal de Bitcoin SV era restaurar lo que sus seguidores creían que era la visión original de Satoshi Nakamoto para Bitcoin.

Con un énfasis en tamaños de bloque más grandes y las posibilidades de escalabilidad de las transacciones en cadena, Bitcoin SV busca mantener el sistema original de Bitcoin. Su objetivo es posibilitar la creación de negocios y aplicaciones sobre la cadena de bloques de Bitcoin, adhiriéndose estrictamente a cambios mínimos en el protocolo.

Un grupo particular de desarrolladores y empresas que respaldan Bitcoin SV lo hacen porque creen que tiene el potencial de escalar y es coherente con el concepto original de Bitcoin. Sin embargo, también ha sido objeto de desacuerdos y críticas, incluyendo argumentos sobre su gestión y reservas acerca de su centralización.

El mercado de las criptomonedas ha cambiado como resultado de la aparición de forks de Bitcoin como Bitcoin Cash y Bitcoin SV. Estos forks han dado origen a otras criptomonedas con objetivos especializados y una variedad de preferencias de usuarios. Además, han brindado a los comerciantes e inversores oportunidades para diversificar sus tenencias y participar en el crecimiento de otros ecosistemas blockchain.

Desacuerdos y conflictos dentro de la comunidad de criptomonedas han sido causados por los forks de Bitcoin. Los partidarios de varios forks suelen tener opiniones divergentes sobre la escalabilidad, gobernanza y rumbo del proyecto Bitcoin. Estas diferencias han generado conversaciones y desacuerdos continuos dentro de la comunidad, lo que ha influido en cómo se desarrollará el ecosistema de criptomonedas en el futuro.

Los forks de la red de Bitcoin como Bitcoin Cash y Bitcoin SV son desarrollos importantes en la evolución del mercado de criptomonedas. Surgieron desde diversas perspectivas y métodos para abordar actualizaciones de protocolo, gobernanza y escalabilidad. Los forks generan complicaciones y divisiones en el ecosistema de criptomonedas, pero también abren puertas a la innovación y personalización. Los inversores y entusiastas pueden navegar por el cambiante panorama de las criptomonedas y tomar decisiones acertadas sobre su participación en estos diversos ecosistemas blockchain al comprender la naturaleza, motivaciones y ejemplos de los forks de Bitcoin.

Resumen de las principales criptomonedas además de Bitcoin

Aunque Bitcoin sigue siendo la criptomoneda más popular y significativa, hay muchas más activos digitales con características y aplicaciones distintivas disponibles en el mercado de criptomonedas más amplio. Esta sección explora la historia, características distintivas y posibles usos de las criptomonedas más significativas además de Bitcoin. Los inversores pueden explorar oportunidades de inversión alternativas en el cambiante mundo de los activos digitales al comprender la variedad de criptomonedas.

La plataforma descentralizada Ethereum (ETH), introducida en 2015 por Vitalik Buterin, facilita la creación de contratos inteligentes y aplicaciones descentralizadas (DApps). Se propuso la idea de una cadena de bloques programable, permitiendo a los programadores construir y lanzar sus aplicaciones en la red de Ethereum.

La característica única de Ethereum es su capacidad para llevar a cabo contratos inteligentes completos de Turing, facilitando la creación de aplicaciones descentralizadas en numerosos sectores. Además, se desarrolló el estándar ERC-20, simplificando la creación de nuevas criptomonedas y permitiendo la financiación colectiva a través de ofertas iniciales de monedas (ICOs). Las mejoras de escalabilidad para Ethereum y las actualizaciones de la red, como Ethereum 2.0, tienen como objetivo mejorar la capacidad de transacción y aliviar las limitaciones de la red.

Gobernanza descentralizada, tokens no fungibles (NFT), gestión de la cadena de suministro y finanzas descentralizadas (DeFi) son solo algunas de las aplicaciones donde Ethereum ha encontrado uso. Su programabilidad y flexibilidad lo convierten en una plataforma muy apreciada por emprendedores y desarrolladores que buscan crear ecosistemas tokenizados y aplicaciones descentralizadas.

Lanzado en 2012, Ripple (XRP) es una criptomoneda además de ser un protocolo de pago digital. Su principal objetivo es agilizar y abaratar las transferencias internacionales de dinero y remesas. El XRP Ledger, que ofrece liquidación bruta en tiempo real y capacidades de intercambio de divisas, es la plataforma de libro distribuido en la que se ejecuta Ripple.

Al proporcionar liquidaciones de transacciones rápidas y tarifas asequibles, Ripple se distingue y atrae negocios transfronterizos. Los tiempos de confirmación de transacciones más rápidos son posibles gracias al Algoritmo de Consenso del Protocolo Ripple (RPCA), que es su algoritmo de consenso. Con un enfoque en colaboraciones con instituciones financieras, Ripple busca conectar los sistemas financieros convencionales con la tecnología blockchain.

Bancos y otras instituciones financieras han comenzado a utilizar la tecnología de Ripple para agilizar remesas y transferencias internacionales de dinero. Al reducir los tiempos de liquidación y los costos de transacción, busca aumentar la eficacia de los sistemas financieros convencionales. La red de Ripple también tiene la capacidad de tokenizar activos y aumentar la liquidez entre múltiples monedas.

Charlie Lee inventó Litecoin (LTC) en 2011 y a menudo se le conoce como la "plata del oro de Bitcoin". Es una criptomoneda de igual a igual que se asemeja a Bitcoin en muchos aspectos, incluido su uso de la tecnología de cadena de bloques y su diseño de código abierto. Sin embargo, Litecoin se distingue por algunas características técnicas.

Litecoin utiliza el algoritmo de hash Scrypt y tiene tiempos de generación de bloques más rápidos, lo que lo hace más resistente al hardware de minería especializado. En comparación con Bitcoin, estas características conducen a confirmaciones de transacciones más rápidas y a un mayor suministro total de monedas. Antes de ser incorporadas a Bitcoin, las nuevas características se probarán primero en Litecoin.

Litecoin se utiliza principalmente como reserva de valor y como medio de comercio. Es adecuado para transacciones cotidianas debido a sus tiempos de transacción más rápidos, y los inversores que buscan un activo digital con historial encontrarán interesante su semejanza con Bitcoin.

Una plataforma de blockchain llamada Cardano (ADA), que fue introducida en 2017, busca ofrecer una plataforma segura y confiable para la creación de aplicaciones descentralizadas y contratos inteligentes. Fue fundada por Charles Hoskinson, miembro fundador de Ethereum.

Cardano se distingue de otras blockchains por su énfasis en la investigación científica, el desarrollo revisado por pares y una arquitectura escalonada que aumenta la seguridad y escalabilidad. Utiliza el mecanismo de consenso de prueba de participación Ouroboros, que tiene como objetivo ser seguro y eficiente en energía. La línea de tiempo de desarrollo de Cardano tiene varias fases, con un enfoque en la sostenibilidad y la gobernanza.

El objetivo de Cardano es facilitar la creación de aplicaciones descentralizadas y proporcionar infraestructura para campos como la gestión de la cadena de suministro, la verificación de identidad y los sistemas de gobernanza. Sirve como plataforma para crear soluciones de blockchain confiables y escalables debido a su enfoque en la investigación académica y los procedimientos de desarrollo estrictos.

La casa de cambio de criptomonedas Binance introdujo Binance Coin (BNB) en 2017, y funciona en la Binance Chain actuando como el token de utilidad nativo del ecosistema. Binance Coin fue lanzado inicialmente como un token ERC-20 en la cadena de bloques de Ethereum antes de trasladarse a su propia plataforma

Tarifas de negociación reducidas, participación en ventas de tokens y acceso a funciones avanzadas en la plataforma de intercambio

Binance son solo algunos de los beneficios que Binance Coin pone a disposición dentro del ecosistema de Binance. En la Binance Chain, también se ha utilizado para crear activos tokenizados.

Dentro del ecosistema de Binance, Binance Coin funciona principalmente como un token de utilidad que recompensa e incentiva a los usuarios de la plataforma de intercambio Binance. Debido a su afiliación con una de las mayores casas de cambio de criptomonedas, ha ganado popularidad y se utiliza para acceder a una variedad de servicios y bienes en la plataforma de Binance.

Otras criptomonedas significativas aún tienen valor y potencial a pesar de la dominancia de Bitcoin en el mercado de criptomonedas. Además de otras, Ethereum, Ripple, Litecoin, Cardano y Binance Coin tienen características y aplicaciones únicas que abordan aspectos específicos de la economía digital. Los inversores tienen la oportunidad de diversificar sus carteras en el cambiante panorama de las criptomonedas al comprender mejor estas criptomonedas importantes más allá de Bitcoin. Estos activos digitales alternativos ofrecen oportunidades de inversión especiales a medida que se expande el mercado de criptomonedas y tienen el potencial de tener usos disruptivos en muchas áreas de la economía global.

Altcoins vs Bitcoin: Diferencias y similitudes

Desde la introducción de las criptomonedas, Bitcoin ha dominado el mercado de activos digitales. Sin embargo, el surgimiento de criptomonedas alternativas, también conocidas como altcoins, ha dado al mercado de criptomonedas una nueva dimensión. Con el fin de arrojar luz sobre sus características distintivas, casos de uso y la relación general entre estos activos digitales, esta sección examina las diferencias, así como las similitudes entre altcoins y Bitcoin.

Una moneda digital descentralizada destinada a funcionar como un medio de intercambio, Bitcoin fue desarrollada en 2009 por una persona o grupo de personas desconocido conocido solo como Satoshi Nakamoto. Sin necesidad de intermediarios, tiene la intención de ofrecer un sistema de pago electrónico entre pares que permita transacciones seguras y sin fronteras.

Todas las criptomonedas que no son Bitcoin se conocen como "altcoins", un término derivado de "monedas alternativas". Estos activos digitales fueron desarrollados para superar limitaciones particulares o explorar casos de uso diferentes a los proporcionados por Bitcoin.

Comparadas con Bitcoin, las altcoins suelen ofrecer nuevas tecnologías y avances. Pueden utilizar diversas técnicas de hash, procesos de consenso o soluciones de escalabilidad. Por ejemplo, mientras Ripple se centró en habilitar transacciones rápidas a través de fronteras, Ethereum añadió contratos inteligentes.

Con la capitalización de mercado más alta, Bitcoin sigue dominando la industria de las criptomonedas. En su conjunto, las altcoins representan una parte menor de la capitalización de mercado. Sin embargo, varias monedas alternativas, como Ethereum y Ripple, han alcanzado precios significativos y aceptación en el mercado.

Los principales propósitos de Bitcoin son actuar como reserva de valor y como una moneda digital descentralizada. Por otro lado, las altcoins a menudo se centran en sectores o usos particulares. Por ejemplo, Litecoin destaca en confirmaciones de transacciones más rápidas, pero altcoins como Monero, que priorizan la privacidad, buscan aumentar el anonimato.

Las altcoins se crean sobre las mismas redes blockchain descentralizadas que Bitcoin. Operan de forma descentralizada y sin intermediarios, garantizando la inmutabilidad, seguridad y transparencia de todas las transacciones. El ecosistema de criptomonedas se construye en torno a esta característica común.

Debido a elementos como el sentimiento del mercado, cambios gubernamentales y mejoras tecnológicas, Bitcoin y otras criptomonedas son propensas a niveles significativos de volatilidad. En un esfuerzo por beneficiarse de los cambios de precio, los inversores participan con frecuencia en operaciones especulativas.

Dentro del mercado de criptomonedas, Bitcoin y otras criptomonedas ofrecen opciones de comercio e inversión. Al aprovechar el crecimiento potencial de estos activos digitales, los inversores pueden diversificar sus carteras incorporando una combinación de Bitcoin y criptomonedas alternativas.

Debido a su dominio en el mercado de criptomonedas, Bitcoin se ha convertido en el estándar y punto de comparación para el rendimiento y los precios de las altcoins. El precio de Bitcoin afecta con frecuencia el sentimiento general del mercado, lo que influye en la valoración de las altcoins.

La innovación y expansión del ecosistema más amplio de criptomonedas son facilitadas por las altcoins. Estudian varios casos de uso, proponen nuevas tecnologías y amplían las capacidades de las aplicaciones blockchain. Las altcoins exitosas podrían inspirar un desarrollo adicional en el sector, tal vez llevando a modificaciones o adiciones al propio Bitcoin.

La significativa volatilidad de precios afecta tanto a Bitcoin como a las criptomonedas alternativas, lo que puede ser arriesgado para los inversores. Debido a la naturaleza creciente y en desarrollo de la industria de criptomonedas, hay una necesidad de que los inversores gestionen adecuadamente su exposición al riesgo.

En muchas jurisdicciones, el entorno normativo en torno a las criptomonedas, como Bitcoin y altcoins, aún no está claro. Los riesgos e incertidumbres pueden ser introducidos por medidas regulatorias o desafíos legales que afectan la percepción de estos activos digitales por parte del mercado y su uso.

Las altcoins han evolucionado para ofrecer características distintivas, investigar otros casos de uso y promover la innovación dentro del ecosistema, a pesar de que Bitcoin continúa manteniendo una posición dominante en la industria de las criptomonedas. Mientras que las altcoins contribuyen a la variedad y al crecimiento del entorno de las criptomonedas, Bitcoin sirve como el estándar. Los inversionistas pueden navegar por el mercado cambiante, diversificar sus tenencias y beneficiarse del crecimiento potencial y el poder revolucionario de los activos digitales al ser conscientes de las diferencias y similitudes entre Bitcoin y las altcoins. La conexión entre Bitcoin y las altcoins influirá en el futuro de las finanzas descentralizadas y en el uso más amplio de la tecnología blockchain a medida que se desarrolla el ecosistema de las criptomonedas.

CAPÍTULO IX

Privacidad, Seguridad
y Aspectos Legales de Bitcoin

Privacidad en las transacciones de Bitcoin: ¿Cuánta hay realmente?

Como criptomoneda descentralizada y de código abierto, Bitcoin ha sido frecuentemente vinculado a problemas de privacidad. Aunque las transacciones de Bitcoin son visibles en una cadena de bloques pública, hay una discusión continua sobre el nivel de privacidad que proporcionan. Esta sección analiza las características de privacidad de las transacciones de Bitcoin, considera sus inconvenientes y cubre los diversos métodos empleados para aumentar la privacidad de las transacciones.

Cualquier persona puede acceder a los datos de transacciones en la cadena de bloques pública de Bitcoin, incluyendo direcciones del remitente y del destinatario, montos de transacción y marcas de tiempo. La transparencia proporcionada por esto mejora la inmutabilidad y confiabilidad de la red.

Las transacciones seudónimas en la red de Bitcoin utilizan direcciones criptográficas para identificar a los usuarios en lugar de sus nombres reales. Las identidades del mundo real ocultas detrás de las direcciones generalmente no se revelan explícitamente, a pesar de que las transacciones se registran

A pesar del anonimato de las direcciones de Bitcoin, existen numerosas formas de vincular transacciones. La reutilización de direcciones, en la cual un usuario utiliza la misma dirección para varias transacciones diferentes, puede ayudar a identificar y rastrear esas actividades. También se pueden utilizar métodos de análisis de la cadena de bloques para vincular direcciones y examinar flujos de transacciones, revelando potencialmente información sobre las actividades y hábitos de gasto de un usuario.

La contabilidad pública puede ser analizada utilizando herramientas de análisis de la cadena de bloques para identificar patrones, como el movimiento de dinero, la ubicación de intercambios centralizados y la vigilancia de actividades ilegales. La confidencialidad de las transacciones de Bitcoin puede verse comprometida por este estudio, el cual también podría hacer que datos privados se vuelvan públicos.

Al mezclar las monedas de varios usuarios, los servicios de mezcla o tumbling buscan aumentar la privacidad al dificultar el seguimiento de transacciones individuales. Al romper la conexión entre las direcciones de entrada y salida, estos servicios ofrecen un cierto nivel de anonimato. Los usuarios deben confiar en que el servicio de mezcla no comprometerá su privacidad a pesar de que su eficacia puede variar.

Las direcciones ocultas son métodos criptográficos para aumentar el anonimato de las transacciones en Bitcoin. Para cada transacción, generan una dirección diferente, dificultando la conexión entre las direcciones del remitente y del destinatario.

Puede ser difícil distinguir entre diferentes entradas y salidas al usar CoinJoins, ya que varios usuarios combinan sus transacciones en una sola. Al oscurecer la conexión entre las direcciones del remitente y del destinatario, este método ofrece un cierto nivel de privacidad.

Las Transacciones Confidenciales (CT) cifran los montos de las transacciones mediante métodos criptográficos. Al ocultar los valores precisos de la transacción, CT proporciona a las transacciones de Bitcoin una capa adicional de privacidad. En la red de Bitcoin, esta estrategia aún no se utiliza comúnmente.

El análisis de red aún puede encontrar tendencias y vincular transacciones a pesar de los métodos que mejoran la privacidad, comprometiendo potencialmente la privacidad. Los métodos y herramientas modernos de análisis de la cadena de bloques están en constante desarrollo, representando una amenaza para la efectividad de las protecciones actuales de privacidad.

Las técnicas para mejorar la privacidad suelen implicar el uso de servicios externos o capas tecnológicas adicionales. Los usuarios deben confiar en estas organizaciones, lo que plantea preocupaciones sobre su seguridad, confiabilidad y riesgo de filtraciones de información o violaciones de datos.

Las regulaciones pueden estar en contradicción con las salvaguardias de privacidad utilizadas en las transacciones de Bitcoin, especialmente en países que tienen leyes de Conoce a Tu Cliente (KYC) y Contra el Lavado de Dinero (AML). Los intercambios y proveedores de servicios podrían estar obligados a seguir estas reglas, lo que reduciría la cantidad de opciones de privacidad ofrecidas a los usuarios.

Las firmas Schnorr se agregarán a Bitcoin, lo que se espera mejore la seguridad y la escalabilidad. Las firmas Schnorr combinan numerosas entradas de firma en una sola firma, permitiendo una mezcla de monedas más efectiva y mejorando el anonimato.

Las transacciones fuera de la cadena que utilizan tecnologías de Capa 2, como la Red Lightning, son más rápidas y privadas. Al permitir que los usuarios realicen varias transacciones sin publicar cada una en la cadena de bloques pública, estas tecnologías mejoran la privacidad del usuario.

Es esencial que los usuarios de Bitcoin aumenten su comprensión de las amenazas a la privacidad y de las medidas disponibles para mejorarla. Los usuarios pueden estar capacitados para tomar decisiones reflexivas y proteger su privacidad al informarse sobre las mejores prácticas, herramientas de privacidad y las limitaciones de las medidas de privacidad.

El tema de la privacidad en las transacciones de Bitcoin tiene muchos aspectos. Bitcoin proporciona seudonimato y transparencia, pero el grado de privacidad es susceptible a varias restricciones y dificultades. La privacidad de las transacciones de Bitcoin puede verse comprometida por herramientas de análisis de la cadena de bloques y análisis público de la cadena de bloques. Sin embargo, estos riesgos pueden reducirse en cierta medida mediante el uso de estrategias que mejoran la privacidad, como la mezcla de monedas, direcciones ocultas, CoinJoins y transacciones privadas. Innovaciones futuras, como soluciones de Capa 2 y firmas Schnorr, tienen el potencial de mejorar aún más la privacidad de las transacciones de Bitcoin. Para proteger la privacidad y otorgar más poder a los usuarios de Bitcoin, es necesario que estén informados sobre problemas de privacidad, mejores prácticas y herramientas disponibles. La dificultad de equilibrar las preocupaciones de privacidad con el cumplimiento legal debe explorarse más a fondo. Abordar las preocupaciones de privacidad en las transacciones de Bitcoin será esencial para fomentar la adopción, la confianza y el pleno potencial de las monedas digitales descentralizadas a medida que el ecosistema de criptomonedas continúa desarrollándose.

Mejores prácticas de seguridad: Proteger billeteras, evitar estafas.

La importancia de proteger la seguridad de la billetera digital y evitar fraudes ha aumentado con el creciente interés en las criptomonedas. Esta sección examina los mejores métodos de seguridad en la industria de las criptomonedas, centrándose en la seguridad de la billetera y la prevención de estafas. Los usuarios pueden proteger sus fondos y navegar con confianza por el panorama de los activos digitales al adherirse a estas mejores prácticas.

Las billeteras de criptomonedas vienen en diversas formas, como billeteras de software (de escritorio y móviles), billeteras de hardware y billeteras web. Seleccionar el mejor tipo de billetera requiere comprender sus características y funciones de seguridad.

Partes importantes que proporcionan acceso a los fondos de criptomonedas son las claves privadas. Para evitar accesos no autorizados, los usuarios deben almacenar y gestionar de manera segura sus claves privadas. Las mejores prácticas para aumentar la seguridad incluyen el uso de billeteras de hardware, contraseñas fuertes y almacenamiento fuera de línea.

Es crucial crear contraseñas seguras y únicas para las billeteras. Se recomiendan contraseñas largas y complicadas que incluyan una combinación de letras mayúsculas y minúsculas, números y caracteres especiales. Mantener la información personal y las frases frecuentes para uno mismo proporciona una capa adicional de seguridad.

Las billeteras son más seguras cuando se habilita la Autenticación de Dos Factores (2FA). Los usuarios deben proporcionar una segunda forma de verificación, como un código enviado a su dispositivo móvil, para acceder a sus fondos al conectar la billetera a un dispositivo o aplicación de confianza.

Es esencial mantener actualizado el software de la billetera si desea protegerse contra vulnerabilidades y explotaciones. Los usuarios deben asegurarse de estar utilizando la versión más reciente de la billetera, ya que los desarrolladores suelen lanzar actualizaciones para corregir problemas de seguridad.

Al almacenar claves privadas fuera de línea, el almacenamiento fuera de línea (billeteras frías), como las billeteras de hardware o billeteras de papel, mejora la seguridad. Debido a su falta de conectividad a internet, estas billeteras son menos vulnerables a malware y esfuerzos de hacking.

Los ataques de phishing utilizan sitios web fraudulentos, correos electrónicos o mensajes para engañar a los usuarios y hacer que revelen sus claves privadas u otra información sensible. Los usuarios deben tener precaución, confirmar la legitimidad de los sitios web, verificar dos veces los remitentes de correos electrónicos y abstenerse de hacer clic en enlaces sospechosos.

Los usuarios deben investigar antes de participar en cualquier iniciativa de criptomonedas u oferta de inversión. Las posibles estafas se pueden detectar al confirmar la validez de los proyectos, evaluar la confiabilidad del equipo y revisar las evaluaciones y calificaciones del público.

Al interactuar con intercambios y billeteras de criptomonedas, la comunicación segura es esencial. Evitar redes Wi-Fi públicas, utilizar métodos de comunicación encriptada y tener precaución al compartir información sensible pueden ayudar a prevenir violaciones de datos y escuchas.

Mantener la seguridad requiere una educación continua sobre el paisaje de criptomonedas en constante cambio. Los usuarios están mejor preparados para tomar decisiones sabias si se mantienen informados sobre nuevas estafas, preocupaciones de seguridad y las mejores prácticas de la industria.

Los usuarios pueden aprender de expertos, obtener consejos y mantenerse actualizados sobre posibles preocupaciones al participar en grupos y foros de criptomonedas. Formar una comunidad de personas afines y cooperativas promueve un ambiente colaborativo para aumentar la conciencia sobre la seguridad.

Las billeteras, dispositivos y cuentas en línea deben someterse a auditorías de seguridad de rutina para encontrar posibles vulnerabilidades. Los usuarios deben verificar sus derechos de acceso, actualizar sus configuraciones de seguridad y estar atentos a cualquier actividad inusual.

Los usuarios son fundamentales para proteger a la comunidad más amplia de criptomonedas. Compartir información sobre posibles riesgos y denunciar estafas, sitios web sospechosos o intentos de phishing a las autoridades correspondientes puede ayudar a difundir la conciencia y evitar que otros se conviertan en víctimas de estafas.

Se requiere una estrategia proactiva y vigilante para salvaguardar las billeteras de criptomonedas y prevenir estafas. Los usuarios pueden mejorar en gran medida la seguridad de sus fondos poniendo en práctica las mejores prácticas, como el uso de contraseñas fuertes, habilitar la autenticación de dos factores (2FA), actualizar periódicamente el software de la billetera y utilizar opciones de almacenamiento fuera de línea. Estar alerta ante intentos de phishing, realizar una investigación exhaustiva y mantenerse actualizado sobre nuevos riesgos contribuyen a crear un entorno más seguro para las criptomonedas. Para mantener un entorno seguro y confiable, la educación, la participación comunitaria y las evaluaciones de seguridad frecuentes son cruciales. Las personas pueden navegar con confianza en el ecosistema de criptomonedas, proteger sus fondos y contribuir a la seguridad general de la comunidad de activos digitales al adherirse a ciertas prácticas recomendadas.

Consideraciones legales: Bitcoin y tributación, legalidad en todo el mundo

Comprender las preocupaciones legales en torno a las criptomonedas, especialmente aquellas relacionadas con la tributación y la legalidad, es esencial a medida que Bitcoin y otras criptomonedas ganan una aceptación más amplia. En esta sección, se examina el entorno legal que rodea a Bitcoin, junto con las implicaciones fiscales, los marcos legislativos y la legalidad internacional de Bitcoin. Las personas pueden garantizar el cumplimiento y tomar decisiones informadas sobre su relación con Bitcoin al tener en cuenta estas consideraciones legales.

Las autoridades fiscales de todo el mundo han debatido cómo categorizar Bitcoin para la tributación. La clasificación difiere entre jurisdicciones; algunos lo perciben como una forma de moneda, mientras que otros lo ven como una propiedad, una mercancía o un activo financiero. La categorización tiene efectos en la forma en que se gravan las transacciones de Bitcoin.

Todo tipo de transacciones de Bitcoin, como comprar, vender, comerciar, minar y aceptar Bitcoin a cambio de bienes o servicios, pueden resultar en diversos eventos tributables. Dependiendo del evento individual y las regulaciones fiscales del país, hay diversas implicaciones fiscales. Por ejemplo, al vender Bitcoin por moneda fiduciaria, puede deberse impuesto sobre las ganancias de capital, y al usar Bitcoin para pagar bienes o servicios, puede aplicarse el impuesto al valor agregado (IVA).

La venta o intercambio de Bitcoin puede estar sujeta a impuestos sobre las ganancias de capital en varias jurisdicciones. Se aplican impuestos sobre las ganancias generadas al vender Bitcoin por un valor superior al costo de adquirirlo, aunque las pérdidas pueden deducirse. La duración de la tenencia y el nivel de ingresos del contribuyente son solo dos ejemplos de variables que pueden afectar la tasa impositiva de las ganancias de capital.

Las autoridades fiscales suelen exigir que las personas declaren e incluyan sus transacciones de Bitcoin en sus declaraciones de impuestos. Proporcionar información sobre montos de transacciones, fechas y cualquier ganancia o pérdida es parte de esto. La presentación incorrecta de las transacciones de Bitcoin puede conllevar sanciones y, posiblemente, consecuencias legales.

La posición legal de Bitcoin varía considerablemente entre las naciones, con algunas que lo aceptan, otras que adoptan una postura cautelosa y algunas que prohíben o restringen su uso de manera directa. Para abordar diversas cuestiones, como la protección al consumidor, las regulaciones contra el lavado de dinero (AML) y el conocimiento del cliente (KYC), los gobiernos han estado construyendo marcos regulatorios. Las leyes vigentes buscan encontrar un equilibrio entre fomentar la innovación y proteger los intereses de consumidores e inversores.

Se han establecido marcos regulatorios integrales para controlar los intercambios de criptomonedas y los proveedores de servicios en naciones como Estados Unidos y Japón. Buscan lograr un equilibrio para proteger a los inversores y, al mismo tiempo, estimular la innovación. Los requisitos de licencia, los procedimientos contra el lavado de dinero (AML) y el conocimiento del cliente (KYC), las precauciones de ciberseguridad y las obligaciones de divulgación al consumidor pueden ser parte de esta legislación. Otros países, como Suiza, han adoptado un enfoque más permisivo, fomentando un entorno favorable para las empresas de criptomonedas y al mismo tiempo implementando políticas para desalentar la actividad ilegal.

Mientras que algunas naciones han aceptado Bitcoin, otras lo han prohibido o impuesto restricciones de uso. Las ofertas iniciales de monedas (ICOs), los intercambios de criptomonedas y las actividades mineras, por ejemplo, han sido prohibidos en China.

India inicialmente prohibió a los bancos trabajar con empresas relacionadas con criptomonedas, pero la Corte Suprema levantó posteriormente la prohibición. Estas prohibiciones y limitaciones suelen ser el resultado de preocupaciones sobre la seguridad del consumidor, la estabilidad financiera y el lavado de dinero.

El entorno regulatorio para las criptomonedas en los Estados Unidos es complejo. La Comisión de Valores y Bolsa (SEC), la Comisión de Comercio de Futuros de Productos Básicos (CFTC) y el Servicio de Impuestos Internos (IRS) son solo algunas de las organizaciones regulatorias que han emitido pautas y reglas específicas para las criptomonedas. Por razones fiscales, el IRS considera que Bitcoin es una propiedad. Los pagos con Bitcoin, las operaciones mineras y las ganancias o pérdidas derivadas de estas actividades deben ser reportados por los individuos. Las regulaciones establecidas por FinCEN (Red contra Delitos Financieros) en relación con AML y KYC deben ser seguidas por los intercambios de criptomonedas y los proveedores de servicios.

La Unión Europea ha adoptado un marco regulatorio para combatir el financiamiento del terrorismo y el lavado de dinero. Los requisitos de AML y KYC en la UE obligan a los intercambios de criptomonedas y a los proveedores de servicios a realizar la debida diligencia del cliente, realizar un seguimiento de las transacciones y reportar actividades sospechosas. Las regulaciones del Reglamento General de Protección de Datos (GDPR) que impone la UE garantizan la protección de los datos personales en las transacciones de criptomonedas.

Una de las primeras naciones en aceptar Bitcoin como dinero legal fue Japón. Tiene regulaciones estrictas de AML y KYC y ha creado un sistema de licencias para los intercambios de criptomonedas. La estructura legal de la nación busca avanzar en la protección del consumidor, la estabilidad monetaria y la represión de actividades ilegales. Para garantizar el cumplimiento, la Agencia de Servicios Financieros (FSA) coordina activamente con los intercambios para gestionar la legislación de criptomonedas.

Suiza ha adoptado una postura más permisiva hacia las criptomonedas. Al crear claridad y un clima regulatorio favorable para las empresas de blockchain y criptomonedas, ha incentivado a las empresas a establecer operaciones en la nación. Con el fin de combatir las amenazas de lavado de dinero y financiamiento del terrorismo, Suiza ha implementado políticas que respaldan tanto la innovación como el avance tecnológico.

El rápido desarrollo de las criptomonedas presenta dificultades para los reguladores en todo el mundo. Los problemas regulatorios continuos son provocados por la complejidad y el cambio rápido de la tecnología, así como por la necesidad de lograr un equilibrio entre la innovación y la protección de los inversores. Con el fin de abordar nuevos desafíos como las finanzas descentralizadas (DeFi), las stablecoins y el carácter internacional de las transacciones de criptomonedas, los reguladores continúan modificando y mejorando sus estrategias.

Dada la amplitud mundial de las criptomonedas, los gobiernos y las agencias reguladoras deben trabajar juntos a nivel internacional para armonizar los marcos legales, combatir el lavado de dinero y resolver otros problemas transfronterizos. El Grupo de Acción Financiera (GAFI) y otras organizaciones están trabajando para crear reglas internacionales de AML y KYC para las criptomonedas.

Es probable que los gobiernos actualicen y mejoren sus marcos legales a medida que se desarrolle la industria de las criptomonedas. Esto podría implicar la creación de regulaciones fiscales más precisas, el establecimiento de requisitos regulatorios y la resolución de preocupaciones recientes como DeFi y las stablecoins. Con el objetivo de lograr un compromiso entre fomentar la innovación y preservar la protección de los inversores y la estabilidad financiera, las mejoras legislativas intentarán promover ambos aspectos.

Los objetivos principales de los esfuerzos regulatorios en la industria de las criptomonedas son salvaguardar a los consumidores e inversores. Es probable que los marcos regulatorios den prioridad a medidas para combatir el fraude, aumentar la transparencia y crear protecciones para los inversores a medida que las criptomonedas se utilicen más ampliamente. Esto podría implicar una regulación más estricta de los intercambios, reglas de divulgación más transparentes y salvaguardias contra la manipulación del mercado.

Las implicaciones fiscales y los marcos regulatorios que controlan el uso de Bitcoin son consideraciones legales. Para las personas y empresas que operan en el campo de las criptomonedas, es crucial comprender las obligaciones fiscales, los requisitos de informes y la posición legal de Bitcoin. El cumplimiento de las leyes fiscales y las regulaciones regulatorias garantiza tanto la protección legal como el crecimiento continuo de un ecosistema confiable y seguro. Los gobiernos continuarán perfeccionando su enfoque hacia Bitcoin y las criptomonedas a medida que cambia el panorama legal mundial, con el objetivo de lograr un equilibrio entre la innovación, la protección al consumidor y el cumplimiento normativo. El futuro del marco legal relacionado con Bitcoin será moldeado por la cooperación internacional y los avances legislativos continuos, con el objetivo de fomentar un entorno seguro y duradero para la industria de las criptomonedas.

CAPÍTULO X

Futuro de Bitcoin y Criptomonedas

Predicciones de expertos para el futuro de Bitcoin

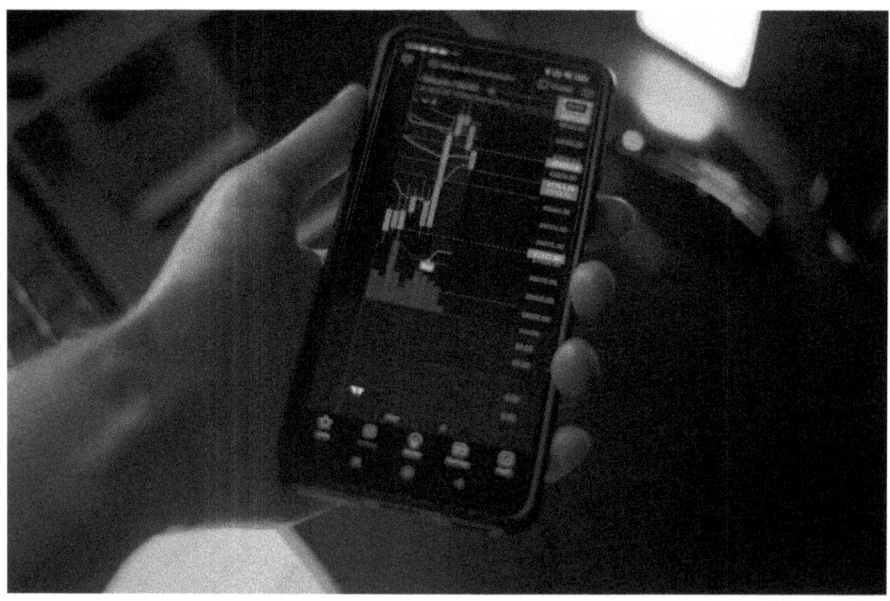

La criptomoneda más antigua y reconocida en el mundo, Bitcoin, ha atraído mucho interés en los últimos años. Se han realizado diversas predicciones sobre el futuro de Bitcoin por parte de profesionales y analistas, a medida que el ecosistema de criptomonedas sigue desarrollándose. Esta sección explora las perspectivas y predicciones de expertos sobre Bitcoin, examinando elementos como pronósticos de precios, tendencias del mercado, eventos gubernamentales y avances tecnológicos. Las personas pueden obtener perspicacia sobre el curso probable de Bitcoin al tener en cuenta estos puntos de vista profesionales y luego tomar decisiones bien informadas en el mercado de criptomonedas.

Desde su lanzamiento en 2009, Bitcoin ha experimentado volatilidad de precios, dificultades regulatorias y avances tecnológicos. Evaluar las proyecciones de expertos para el futuro de Bitcoin requiere una comprensión fundamental de su rendimiento histórico.

El precio de Bitcoin ha aumentado significativamente durante numerosos ciclos de mercado, que luego son seguidos por períodos de consolidación y correcciones. En el pasado, estos ciclos han sido influenciados por el entorno macroeconómico, el sentimiento de los inversores y la adopción.

Numerosos analistas creen que la oferta limitada de Bitcoin, su estructura descentralizada y su creciente popularidad lo convertirán en un eficaz depósito de valor a largo plazo. Argumentan que factores como la oferta limitada de Bitcoin, las reducciones periódicas en el precio y la posible aceptación por parte de inversores institucionales podrían elevar eventualmente el precio de la moneda.

Se espera que el precio futuro de Bitcoin aumente significativamente, según varias proyecciones optimistas realizadas por expertos. Estas predicciones suelen estar motivadas por elementos como el crecimiento en el uso institucional, la volatilidad de la economía global y la posibilidad de que Bitcoin funcione como protección contra la inflación.

Por otro lado, otros expertos han presentado puntos de vista más cautelosos, haciendo hincapié en los posibles peligros e incertidumbres relacionados con Bitcoin. Enumeran variables potenciales que podrían tener un impacto perjudicial en el precio de Bitcoin, como dificultades regulatorias, manipulación del mercado y la llegada de otras criptomonedas.

Inversores institucionales, como fondos de cobertura y compañías de gestión de activos, han ingresado al mercado de Bitcoin, lo que se ha considerado como un desarrollo significativo. Según expertos, el creciente uso institucional puede ayudar al ecosistema de criptomonedas a obtener liquidez, estabilidad y aceptación generalizada.

Un elemento significativo que podría tener un impacto en el futuro de Bitcoin es el cambiante entorno regulatorio. Según los expertos, una supervisión mejorada, marcos legales atractivos y una mayor confianza por parte de los inversores pueden fomentar la inversión institucional en el sector de criptomonedas.

Los desarrollos futuros de Bitcoin están influenciados por las tendencias económicas generales. El precio y la adopción de Bitcoin pueden ser afectados por diversas variables, como eventos geopolíticos, política monetaria, inflación y crisis económicas. Estas variables macroeconómicas son tenidas en cuenta por los expertos al proyectar el curso futuro de Bitcoin.

Las limitaciones de escalabilidad de Bitcoin han generado discusión y preocupación. Sin embargo, los expertos creen que para superar las dificultades de escalabilidad y aumentar la capacidad de transacción de Bitcoin, pronto se implementarán soluciones como la Lightning Network, sidechains y protocolos de segunda capa.

Otra área de desarrollo tecnológico consiste en mejorar las características de privacidad en las transacciones de Bitcoin. Según los expertos, se espera que la inclusión de tecnologías que mejoran la privacidad, como las pruebas de conocimiento cero y las transacciones privadas, mejore el anonimato y la fungibilidad de Bitcoin.

Al realizar transacciones fuera de la cadena, soluciones de Capa 2 como la Lightning Network buscan aumentar la velocidad de las transacciones de Bitcoin y reducir las tarifas. Además, los expertos predicen que el ecosistema de Bitcoin adquirirá capacidades de contratos inteligentes, lo que permitirá aplicaciones financieras más sofisticadas y aplicaciones descentralizadas (DApps).

Los expertos predicen la aparición de soluciones entre cadenas y protocolos de interoperabilidad a medida que evoluciona la industria de las criptomonedas. Estos desarrollos permitirían la conexión sin problemas de diversas redes de blockchain, aumentando la utilidad de Bitcoin y abriendo nuevas posibilidades de uso.

El entorno regulatorio que rodea a las criptomonedas aún es incierto y está sujeto a cambios. Las regulaciones gubernamentales pueden tener un efecto en la amplitud de uso de Bitcoin, en su liquidez y en la percepción que tienen las personas de él. Los posibles riesgos asociados a intervenciones regulatorias y la necesidad de cumplir con el marco legal en constante cambio son reconocidos por los expertos.

La volatilidad histórica del precio de Bitcoin probablemente persistirá en el futuro. Debido a la posibilidad de fluctuaciones severas en el precio y correcciones en el mercado, los expertos recomiendan la gestión de riesgos y estrategias de inversión a largo plazo.

Las mejoras técnicas ofrecen oportunidades, pero también existen riesgos e incertidumbres. Para reducir posibles vulnerabilidades y riesgos, los expertos enfatizan la necesidad de fuertes medidas de seguridad, pruebas cuidadosas de nuevas tecnologías y una adopción cautelosa.

La dominancia de Bitcoin está siendo amenazada por la aparición de criptomonedas alternativas. Los expertos tienen en cuenta el entorno competitivo y los posibles efectos de nuevas iniciativas y tecnologías en la cuota de mercado y la adopción de Bitcoin.

La complejidad e imprevisibilidad del negocio de las criptomonedas se reflejan en la amplia gama de predicciones de expertos sobre el futuro de Bitcoin. Otros destacan la importancia de los cambios regulatorios, las tendencias del mercado y los avances técnicos. Algunos analistas predicen aumentos significativos en el precio y un uso institucional sostenido. El rendimiento pasado de Bitcoin, los ciclos del mercado y la naturaleza dinámica del ecosistema de criptomonedas deben tenerse en cuenta al evaluar estos puntos de vista profesionales. Las personas pueden tomar decisiones informadas, gestionar riesgos y navegar por el cambiante panorama de Bitcoin y otras criptomonedas al aprender de las predicciones de expertos. Al final, una combinación de fuerzas de mercado, avances tecnológicos, marcos legales y el continuo desarrollo de sistemas financieros internacionales impactarán en el futuro de Bitcoin.

Bitcoin y el futuro de las finanzas

La primera criptomoneda descentralizada en el mundo, Bitcoin, se ha convertido en una fuerza disruptiva en el sector financiero. Sus características distintivas y la tecnología subyacente de la cadena de bloques han generado debates y reflexiones especulativas sobre su posible influencia en la dirección de las finanzas. Esta sección examina cómo Bitcoin está cambiando el panorama financiero al analizar sus posibles ventajas, desventajas e implicaciones financieras para muchas áreas de la industria. Podemos aprender más sobre cómo Bitcoin está posicionado para influir en el futuro de las finanzas al examinar estas variables.

Debido a su escasez y estructura descentralizada, Bitcoin tiene el potencial de ser una reserva de valor. Es una alternativa deseable a las monedas fiat convencionales y activos de reserva de valor como el oro debido a su escasez y percepción de inmunidad a la inflación.

La tecnología de blockchain, que respalda a Bitcoin, permite transacciones seguras, globales y rápidas. Con menos dependencia de intermediarios, costos de transacción más bajos y transferencias transfronterizas más rápidas, su potencial como medio de intercambio desafía los sistemas de pago convencionales.

Cualquier persona con acceso a Internet puede unirse a la red gracias a la estructura descentralizada de Bitcoin, independientemente de su ubicación geográfica o situación financiera. Al proporcionar servicios financieros y posibilidades que antes eran inaccesibles, esto tiene la capacidad de empoderar a las comunidades no bancarizadas y sub-bancarizadas.

La naturaleza de igual a igual de Bitcoin y sus bajos costos de transacción tienen el potencial de transformar por completo el mercado de remesas. Bitcoin puede facilitar transacciones transfronterizas más rápidas y económicas al eliminar intermediarios convencionales y reducir gastos, lo cual es beneficioso tanto para individuos como para empresas.

Al proporcionar una infraestructura financiera alternativa, Bitcoin pone bajo presión al sistema bancario convencional. Debido a que es descentralizado, ya no son necesarios intermediarios, lo que podría ahorrar costos y aumentar la eficiencia en procesos como préstamos, endeudamiento y gestión de activos.

Las aplicaciones descentralizadas (DApps) y contratos inteligentes pueden ser facilitados por la tecnología blockchain que impulsa a Bitcoin. La finanzas descentralizadas (DeFi), donde los servicios financieros pueden obtenerse sin depender de intermediarios financieros convencionales, es posible gracias a esto. Esto fomenta la transparencia y reduce el riesgo de contraparte.

Los reguladores que intentan establecer reglas precisas se enfrentarán a dificultades debido a la naturaleza descentralizada de

Bitcoin. Problemas como el lavado de dinero (AML), el conocimiento del cliente (KYC), la tributación y la protección del inversor son desafíos que los gobiernos de todo el mundo están tratando de resolver. Encontrar un equilibrio entre fomentar la innovación y reducir riesgos sigue siendo una tarea difícil.

Los reguladores están creando progresivamente marcos para abordar las características especiales de las criptomonedas. Algunos países han promulgado legislación para proteger a los inversores y establecer requisitos de licencia para los intercambios de criptomonedas. El futuro de Bitcoin y su integración en el sistema financiero más amplio dependerá de cómo evolucione el entorno regulatorio.

La volatilidad del precio de Bitcoin sigue siendo un obstáculo importante para su aceptación generalizada como una unidad confiable de cuenta. Las fluctuaciones de precio pueden obstaculizar la capacidad de Bitcoin para convertirse en una forma ampliamente utilizada de pago al desalentar a las empresas y consumidores a utilizarlo.

Las limitaciones de la escalabilidad de Bitcoin han sido objeto de debate. A medida que la red se expande, surgen preguntas sobre la capacidad y la velocidad de las transacciones. La Red Lightning y soluciones de capa 2, entre otras innovaciones continuas, están destinadas a superar estos problemas de escalabilidad y aumentar la capacidad de procesamiento de transacciones de Bitcoin.

La custodia segura y el almacenamiento de activos de Bitcoin presentan dificultades. Debido a la naturaleza descentralizada de Bitcoin, los usuarios son responsables de proteger sus claves privadas, las cuales, si se pierden o son robadas, pueden resultar en una pérdida permanente de activos. Un uso más extendido requiere soluciones de custodia confiables y medidas de seguridad sólidas.

El hecho de que grandes empresas e instituciones financieras inviertan en Bitcoin y ofrezcan servicios relacionados con criptomonedas son señales de un creciente interés institucional en Bitcoin, lo cual indica una tendencia hacia una mayor aceptación. La adopción institucional puede influir en la liquidez, estabilidad y en la confianza pública mejorada en Bitcoin como clase de activos.

Se espera que los desarrollos tecnológicos en curso, como la mejora de la escalabilidad, privacidad e interoperabilidad, superen los problemas actuales y aumenten el número de aplicaciones para Bitcoin. La tecnología subyacente de la cadena de bloques puede mejorarse para fomentar la innovación y abrir nuevas oportunidades para la industria financiera.

La aparición de Bitcoin presenta una amenaza a los sistemas financieros establecidos, impulsándolos a innovar y adaptarse. Debido a la popularidad de criptomonedas como Bitcoin, los bancos centrales están considerando la idea de las monedas digitales de bancos centrales (CBDC). Esta evolución podría dar lugar a un ecosistema financiero más inclusivo, eficaz y transparente.

La estructura descentralizada, las transacciones transfronterizas y la tecnología innovadora de Bitcoin contribuyen a su potencial para cambiar el panorama financiero en el futuro. Bitcoin ofrece perspectivas de inclusión financiera, desintermediación y mejoras en la eficiencia a medida que se desarrolla el sector financiero. Sin embargo, aún existen problemas, como la volatilidad de precios, la escalabilidad y la incertidumbre regulatoria. El grado en que Bitcoin se integre en el sistema financiero tradicional dependerá de cuán bien puedan coexistir la regulación y la innovación. Los interesados pueden navegar por el cambiante panorama financiero y aprovechar el poder revolucionario de las criptomonedas al abrazar las posibles ventajas de Bitcoin y gestionar los riesgos asociados.

Tendencias emergentes: DeFi, NFTs, monedas digitales de bancos centrales

Los desarrollos emergentes en finanzas descentralizadas (DeFi), tokens no fungibles (NFT) y monedas digitales de bancos centrales (CBDC) están causando un rápido cambio en el panorama financiero. Estas tendencias tienen el potencial de cambiar varios aspectos de las finanzas, incluida la propiedad de activos, la accesibilidad y la función de los bancos centrales. Se proporcionan análisis en profundidad de las definiciones, características, ventajas, desventajas e implicaciones para el futuro de las finanzas de cada tendencia en esta sección. Las personas pueden obtener una visión del cambiante ecosistema financiero y tomar decisiones informadas al conocer estas nuevas tendencias.

Las finanzas descentralizadas, o DeFi, es una idea innovadora que utiliza contratos inteligentes y tecnología blockchain para establecer un entorno financiero descentralizado. Intenta eliminar intermediarios y ofrecer acceso sin restricciones a servicios financieros. Intercambios descentralizados, agricultura de rendimiento, préstamos, y otros servicios están disponibles en plataformas DeFi. Mayor accesibilidad, menores costos y un mayor control financiero son todas ventajas de DeFi. Para garantizar la viabilidad a largo plazo de DeFi, se deben resolver problemas como la incertidumbre regulatoria y las debilidades en los contratos inteligentes.

Los NFT, o tokens no fungibles, han atraído mucha atención debido a su capacidad para representar la propiedad o proporcionar prueba de la legitimidad de activos digitales especiales.

Los NFT proporcionan propiedad fraccional y nuevos mercados para activos ilíquidos al permitir la tokenización de activos del mundo real. A través de los NFT, los creadores y artistas pueden recuperar directamente el valor de su trabajo sin recurrir a intermediarios convencionales. Sin embargo, para garantizar la expansión ética de la industria de NFT, se deben tener en cuenta adecuadamente problemas como la escalabilidad, las preocupaciones ambientales y la infracción de derechos de autor.

Las formas digitales de dinero fiduciario emitidas por los bancos centrales se conocen como monedas digitales de bancos centrales, o CBDC. Las CBDC buscan aumentar la inclusión financiera, ofrecer métodos de pago seguros y eficaces y abordar nuevos problemas que surgen en la era digital. Hay varios modelos de negocios de CBDC, desde CBDC mayoristas disponibles solo para instituciones financieras hasta CBDC minoristas abiertas al público en general. Las CBDC pueden proporcionar ventajas como pagos más rápidos e inclusivos, mayor estabilidad monetaria y una mejor supervisión regulatoria. Sin embargo, durante su implementación, se deben evaluar cuidadosamente problemas como preocupaciones sobre la privacidad, la necesidad de infraestructura tecnológica y su impacto en los bancos comerciales.

DeFi, NFTs y CBDC son tres fenómenos nuevos que son componentes interconectados del cambiante ecosistema de finanzas digitales. Estas tendencias pueden trabajar juntas para producir nuevas herramientas financieras y propiedad descentralizada de activos. Para aprovechar completamente el potencial de estos desarrollos, la colaboración entre los interesados, incluidos líderes empresariales, legisladores y reguladores, es esencial. Para garantizar la seguridad del consumidor, la estabilidad financiera y el cumplimiento de los estándares contra el lavado de dinero y el conocimiento del cliente, se deben establecer marcos regulatorios claros. En lo que respecta a fomentar la adopción y el uso responsables de estas tecnologías en desarrollo, la educación y la conciencia del usuario son cruciales.

La introducción de DeFi, NFT y CBDC, impulsada por avances técnicos y cambios en las expectativas de los clientes, señala un cambio de paradigma en el sector financiero. Estos desarrollos podrían revolucionar la propiedad de activos, democratizar las finanzas y alterar la función de los bancos centrales. Para garantizar la viabilidad a largo plazo y la influencia beneficiosa de estas tendencias, se deben abordar preocupaciones como la seguridad, la escalabilidad, los marcos regulatorios y la sostenibilidad ambiental. El futuro de las finanzas puede aprovechar el poder revolucionario de DeFi, NFT y CBDC para crear un ecosistema financiero más inclusivo y efectivo, fomentando la colaboración, abrazando la innovación y encontrando un equilibrio entre riesgo y recompensa.

CONCLUSIÓN

Resumen de los puntos clave del libro electrónico

El libro electrónico "Bitcoin: Dominando el Mundo de las Criptomonedas - Su Manual Definitivo sobre Bitcoin" sirve como una referencia exhaustiva para cualquier persona que busque comprender y navegar por el entorno de las criptomonedas y ofrece información perspicaz sobre el mundo de Bitcoin. Los temas principales del libro electrónico se resumirán brevemente en esta sección, con énfasis en las ideas centrales, usos del mundo real y posibles peligros de Bitcoin. Los lectores pueden desarrollar una comprensión sólida de Bitcoin y sus implicaciones para el futuro de las finanzas al examinar estos temas esenciales.

El libro electrónico comienza con una descripción de Bitcoin como la primera moneda digital descentralizada, haciendo hincapié en su tecnología innovadora, transacciones seguras y la idea de un libro mayor distribuido conocido como la cadena de bloques. Explica el procedimiento de minería, que implica resolver problemas matemáticos desafiantes para verificar transacciones y asegurar la red. Con una cantidad máxima de 21 millones de monedas, se subraya aún más la naturaleza escasa de Bitcoin.

La relevancia de las billeteras de Bitcoin, que se utilizan para almacenar y gestionar las tenencias de Bitcoin, se aborda en detalle en el libro electrónico. Se repasan los diversos tipos de billeteras, como las de papel, hardware y software, y se destacan las características de seguridad únicas de cada una. Para protegerse contra posibles amenazas, es crucial asegurar las claves privadas y seguir las mejores prácticas, como la autenticación de dos factores y las copias de seguridad regulares.

El libro electrónico examina el mecanismo de transacción de Bitcoin y explica cómo funciona con direcciones públicas y claves privadas. Habla sobre cómo las transacciones de Bitcoin son seudónimas y enfatiza el valor de las técnicas que mejoran la privacidad, como utilizar direcciones diferentes para cada transacción y utilizar herramientas centradas en la privacidad como mezcladores o CoinJoin. El libro electrónico aclara malentendidos comunes sobre el anonimato de Bitcoin y destaca la importancia de tener precaución al preservar la privacidad.

El libro electrónico proporciona una descripción general de la minería de Bitcoin, junto con una explicación de cómo los mineros compiten para validar transacciones y agregar bloques a la red. Describe cómo el algoritmo de prueba de trabajo, en particular, desempeña un papel clave en mantener la seguridad y la integridad de la red de Bitcoin. También se aborda cuánta energía utiliza la minería y si alguna vez habrá alternativas más eficientes en términos energéticos.

El libro electrónico discute brevemente el potencial de Bitcoin como inversión, haciendo hincapié tanto en su desarrollo histórico de precios como en las variables que afectan su valor. Cubre las ideas de promedio de costos en dólares e inversión a largo plazo, así como los peligros del trading a corto plazo y la volatilidad del mercado. Para tomar decisiones de inversión sabias, es fundamental realizar investigaciones exhaustivas y comprender las técnicas de gestión de riesgos.

El libro electrónico analiza el potencial de Bitcoin para perturbar los sistemas financieros establecidos y cambiar varias industrias mientras analiza sus posibles efectos en el futuro de las finanzas. Destaca cómo la tecnología de cadena de bloques se está utilizando para fines distintos de las criptomonedas, como contratos inteligentes y finanzas descentralizadas (DeFi). El libro electrónico también subraya la importancia de los marcos regulatorios y la aceptación generalizada para la viabilidad a largo plazo de Bitcoin y su inclusión en el sistema financiero mundial.

El libro electrónico "Bitcoin: Dominando el Mundo de las Criptomonedas - Su Manual Definitivo sobre Bitcoin" es una guía completa que aborda los elementos esenciales de Bitcoin, desde su tecnología subyacente hasta aplicaciones del mundo real y consideraciones de inversión. Proporciona a los lectores una base sólida de información que pueden utilizar para navegar por el complicado mundo de las criptomonedas y comprender los posibles beneficios y riesgos de utilizar Bitcoin. Los lectores pueden obtener información importante sobre las ideas subyacentes e implicaciones de Bitcoin como una fuerza disruptiva en el mundo de las finanzas al leer el resumen de las principales ideas del libro electrónico en este ensayo. Comprender en profundidad los conceptos fundamentales y las aplicaciones del mundo real de Bitcoin es crucial a medida que continúa desarrollándose e influyendo en el entorno financiero.

Pensamientos finales sobre el dominio de Bitcoin y el mundo de las criptomonedas

El camino para dominar Bitcoin y descubrir el mundo de las criptomonedas es largo y lleno de oportunidades y dificultades. Esta sección es una reflexión sobre lo aprendido y cómo Bitcoin ha cambiado el panorama financiero. Investiga el potencial revolucionario de las criptomonedas, el valor de la educación y la conciencia, los riesgos y beneficios que podrían surgir, y las perspectivas para Bitcoin y el ecosistema más amplio de las criptomonedas en el futuro. Podemos comprender mejor la importancia de Bitcoin y su papel en influir en el futuro de las finanzas al examinar estas ideas conclusivas.

Bitcoin y otras criptomonedas tienen el poder de cambiar completamente la forma en que interactuamos con los sistemas financieros, realizamos transacciones y almacenamos valor. Debido a que las criptomonedas son descentralizadas, ya no hay necesidad de intermediarios, lo que brinda a las personas un mayor control sobre sus finanzas. La tecnología de blockchain, que respalda las criptomonedas, tiene el potencial de mejorar la transparencia, seguridad y eficiencia de diferentes negocios. Observamos el poder transformador de las criptomonedas y el potencial de su adopción generalizada a medida que nos convertimos en expertos en el campo.

Para dominar Bitcoin y navegar por el mundo de las criptomonedas, la educación y la conciencia son cruciales. Las personas deben esforzarse por comprender las ideas básicas, la tecnología y los peligros relacionados con las criptomonedas. Saber más nos permite tomar decisiones sabias, identificar esfuerzos fraudulentos de los legítimos y fomentar la adopción de comportamientos éticos. Forjar una comunidad informada que pueda afectar un cambio positivo en el ecosistema de las criptomonedas requiere programas educativos, investigación académica y colaboraciones en la industria.

Es importante ser consciente de los posibles riesgos y recompensas asociados con el ámbito de las criptomonedas a medida que nos adentramos en él. Una de las dificultades que requiere precaución y técnicas de gestión de riesgos es la volatilidad. Otras dificultades incluyen la incertidumbre regulatoria y los riesgos de seguridad. Pero es imposible ignorar los posibles beneficios, que incluyen la inclusión financiera, oportunidades de inversión y avances tecnológicos. La capacidad para equilibrar riesgo y recompensa es esencial para navegar en este entorno que cambia rápidamente.

Desde sus inicios, Bitcoin y otras criptomonedas han avanzado significativamente. Mirando hacia el futuro, esta tecnología innovadora tiene un futuro prometedor. Con inversores institucionales, grandes organizaciones y gobiernos reconociendo el potencial de las criptomonedas, la adopción generalizada sigue expandiéndose. Los problemas de escalabilidad y eficiencia energética que han sido un problema para la tecnología ahora están siendo resueltos, lo que permite que las criptomonedas manejen más transacciones y tengan un impacto ambiental menor. La adopción de criptomonedas en la vida cotidiana, incluidos sistemas de pago y aplicaciones descentralizadas, hace posible un sistema financiero más abierto y descentralizado.

Al concluir nuestra exploración de Bitcoin y la industria de las criptomonedas, es fundamental destacar la importancia del comportamiento ético. Las personas deben priorizar la seguridad utilizando billeteras seguras, practicando hábitos de contraseña adecuados y estando atentos a fraudes y intentos de phishing. Para cumplir con las regulaciones, es esencial comprender las implicaciones legales y fiscales de las transacciones con criptomonedas. Además, fomentar la tolerancia, la diversidad y el comportamiento ético dentro de la comunidad de criptomonedas contribuye a crear un ecosistema más justo y sostenible.

Comprender Bitcoin y la industria de las criptomonedas es un proceso de por vida que requiere aprendizaje continuo, flexibilidad y una mente abierta. Reconocemos el poder revolucionario de las criptomonedas y su potencial para cambiar las finanzas al tomar un momento para reflexionar sobre la información que hemos aprendido. Los cimientos para una participación responsable en este entorno dinámico son el conocimiento y la conciencia. Aunque existen preocupaciones, es imposible pasar por alto los posibles beneficios y efectos favorables. Podemos apoyar el desarrollo y la madurez del campo de las criptomonedas abrazando el comportamiento ético y fomentando el trabajo en equipo. Seamos consistentes en nuestra búsqueda de conocimiento, innovación y democratización de las finanzas mientras Bitcoin y las criptomonedas continúan desarrollándose.

Animo para el viaje de Bitcoin del lector

Iniciar un viaje con Bitcoin es un esfuerzo emocionante y transformador que tiene el potencial de empoderarte financieramente y ayudarte a crecer como persona. Esta sección busca inspirar a los lectores en su viaje con Bitcoin, delineando las oportunidades, desafíos y recompensas que aún están por venir. Las personas pueden recorrer el camino hacia la independencia financiera y beneficiarse al participar en el mundo de Bitcoin al crear una mentalidad positiva, aceptar el aprendizaje continuo y desarrollar la resiliencia.

El viaje de Bitcoin se caracteriza por innumerables posibilidades. Es esencial desarrollar una mentalidad que valore la innovación y la posibilidad de progreso. Reconoce que Bitcoin es más que una moneda digital; representa un cambio fundamental en cómo interactuamos con sistemas financieros, realizamos transacciones y conservamos valor. Puedes explorar perspectivas de avance profesional, exploración tecnológica y empoderamiento que proviene de ser un adoptante temprano de tecnología disruptiva al aceptar el poder del potencial.

Un viaje exitoso con Bitcoin requiere educación y aprendizaje continuo. El panorama de las criptomonedas es dinámico y siempre cambia, por lo tanto, es importante estar informado para tomar decisiones sabias y reducir riesgos. Para obtener un entendimiento más profundo de la tecnología de Bitcoin, las tendencias del mercado y los desarrollos regulatorios, realiza estudios exhaustivos, adhiérete a fuentes confiables y utiliza herramientas educativas. Al seguir aprendiendo, te consolidas como un miembro informado de la comunidad de Bitcoin que puede enfrentar desafíos y aprovechar oportunidades.

El camino hacia Bitcoin no está exento de desafíos y contratiempos. Tu determinación puede ser puesta a prueba por la volatilidad, los cambios en el mercado y las preocupaciones regulatorias. Sin embargo, es en estos momentos difíciles cuando la resiliencia es más importante. Acepta las derrotas como oportunidades de aprendizaje y prepárate para ajustar tus estrategias según sea necesario. Desarrolla técnicas de gestión de riesgos que estén alineadas con tus objetivos financieros, realiza mejoras en tu estrategia de inversión y aprende de errores pasados. Ten en cuenta que los contratiempos son solo temporales y que la perseverancia hará que tu camino sea más fuerte en última instancia.

Bitcoin es más que simplemente una tecnología; también es una comunidad con un objetivo común. Únete a personas que comparten tus puntos de vista y que también están explorando Bitcoin. Participa en comunidades en línea, únete a debates, asiste a conferencias y comparte tus opiniones para obtener conocimiento a partir de las experiencias de los demás. Colabora con otros para promover el cambio y ayudar en la expansión y uso de Bitcoin. Puedes hacer crecer tu red, aprender cosas perspicaces y encontrar apoyo para los altibajos de tu viaje al formar relaciones dentro de la comunidad de Bitcoin.

El viaje con Bitcoin es una maratón, no una carrera. Requiere tener una perspectiva a largo plazo y enfocarse en el panorama general. Reconoce que puede llevar años o incluso décadas para que el verdadero potencial de Bitcoin se manifieste. Te preparas para el empoderamiento financiero a largo plazo al desarrollar paciencia y una firme confianza en el poder revolucionario de Bitcoin. Reconoce que Bitcoin marca un cambio fundamental en la forma en que pensamos sobre el dinero y la descentralización; es más que una inversión especulativa. Mantén tus ojos en tus objetivos financieros y en los posibles efectos que Bitcoin pueda tener en tu vida y en el mundo que te rodea mientras continúas en tu viaje.

Decidir embarcarse en una aventura con Bitcoin puede conducir al empoderamiento financiero, la exploración tecnológica y el desarrollo personal. Te preparas para el éxito en el ecosistema de Bitcoin al crecr en el poder de las posibilidades, aprender constantemente cosas nuevas, desarrollar resiliencia, fomentar la comunidad y la colaboración, y mantener una perspectiva a largo plazo. Permanece persistente en tu dedicación a la independencia financiera y ten en cuenta que la experiencia en sí misma es una valiosa oportunidad de aprendizaje. Mantén una mente abierta, mantente informado y prepárate para ajustarte mientras navegas por el camino futuro. Tu experiencia con Bitcoin tiene la capacidad de cambiar y potenciar tu vida. En este emocionante viaje hacia el empoderamiento financiero, abraza las dificultades, regocíjate en tus éxitos y aprovecha las oportunidades que se presentan.

Gracias por comprar y leer/escuchar nuestro libro. Si encontraste este libro útil, por favor, tómate unos minutos y deja una reseña en la plataforma donde compraste nuestro libro. Tu opinión es de gran importancia para nosotros.

Milton Keynes UK
Ingram Content Group UK Ltd.
UKHW020632041223
433752UK00017B/1043

9 798869 014856